4.95

SEIS

POETAS

LATINOAMERICANOS

DE HOY

SEIS
POETAS
LATINOAMERICANOS
DE HOY

EDITED BY

HOMERO ARIDJIS

UNDER THE GENERAL EDITORSHIP OF
Robert G. Mead, Jr.
UNIVERSITY OF CONNECTICUT

Harcourt Brace Jovanovich, Inc.

NEW YORK / CHICAGO / SAN FRANCISCO / ATLANTA

COVER ILLUSTRATION: Engraving by the Mexican popular artist
Manuel Manilla (1830?–1895?)

ACKNOWLEDGMENTS

The editor wishes to thank the following for permission
to reprint the poems in this book:
Editorial Zig-Zag, Santiago de Chile, for the poems of
Vicente Huidobro
Georgette Vallejo, for the poems of César Vallejo
Editorial Losada, Buenos Aires, and Pablo Neruda, for
the poems of Pablo Neruda
Emecé Editores, Buenos Aires, for the poems of Jorge
Luis Borges
Octavio Paz, for the poems of Octavio Paz
Nicanor Parra, for the poems of Nicanor Parra

© 1972 by Harcourt Brace Jovanovich, Inc.

ISBN: 0-15-579566-X
Library of Congress Catalog Card Number: 78-188967
Printed in the United States of America

Preface

THE SIX POETS included in this anthology have distinguished themselves in Spanish poetry of this century by the individuality of their poetic worlds and by the ampleness and precision of their expression. The poems with which they are represented here have been chosen as being among the most relevant examples of their work; they convey an idea of the high stylistic level attained by these poets, with preference always given to those works that are generally acknowledged to be masterpieces of contemporary poetry in Spanish.

Vicente Huidobro of Chile leads off the anthology. He is one of the earliest experimenters in Latin American literature and is the initiator and leading exponent of creationism—the movement that proclaimed the poet's independence from a servile imitation of nature. The poems from *Altazor*, a long work in seven cantos, embody Huidobro's dynamic idea of the poet. His ingenious manipulation of language is in evidence throughout this selection of his poetry.

The Peruvian, César Vallejo, is considered to be one of the most intense and personal poets to have written in Spanish in this century. *Poemas humanos* represent the most vivid example of his direct, powerful style. Each word appears to be rooted

v

in a profound, specific experience, expressed in Vallejo's own unique language. Since his death in 1938, Vallejo's work has enjoyed a surge of international popularity and has served as a model for political and social poetry, of which his poems are an extraordinarily successful example. The first American translation, *Human Poems,* was published in New York in 1969.

Pablo Neruda, also from Chile, is undoubtedly the poet whose work has had the greatest repercussions in Latin America. His early fame and subsequent five decades of prolific poetic activity have made his poetry the best-known and most widely read on the continent. The Swedish Academy awarded him the Nobel Prize for Literature in 1971 "for poetry that, with the action of an elemental force, brings alive a continent's destiny and dreams."

Jorge Luis Borges of Argentina is not only considered by many critics to be the most important living Latin American writer, but he is also the one whose work has had the most significant influence on writers working in other languages. His private universe has been transposed with beauty and precision into three literary genres: the poem, the short story, and the essay. As he often blurs the lines among these genres, the questions of immortality and identity, time, the labyrinth, the Kabbalah, and blindness—to name but a few of his themes—found in his most famous short stories recur in equally famous poems. Borges' complete works are currently being published in English, to general critical acclaim.

Octavio Paz, the Mexican poet, is the leading contemporary innovator of Spanish poetry. Since the publication of his book *Libertad bajo palabra,* his poetry has given renewed proof of a restless, energetic mind and a versatile creative talent. "Piedra de sol" and "Viento entero" are basic works in any anthology of contemporary poetry, and both have been translated several times in English. Many of the poems in his most recent book, *Ladera este,* written during a stay of many years in India, convey, through the originality of their form, the echoes of a beautiful and ancient spiritual presence.

In *Poemas y antipoemas* the Chilean poet Nicanor Parra has given us a book acclaimed for its original style, humor, and unadorned directness. He continues Huidobro's experimental tradition, seasoned with pungent wit and sharp satire.

The poems in this anthology, while offering ample opportunity to examine the best of each poet, present a compendium of the most oustanding work done in Latin America during this century. Their diversity of styles and themes, and their striking contemporaneity reveal the world of Latin American poetry to be a brilliant and eclectic one.

In the introduction to each poet, I have let the poet speak for himself on poetry in general, as well as on his own poetry, so that his words may coincide with and cast light on the poems selected.

I gratefully acknowledge the assistance given by the Center for Inter-American Relations for the publication of this volume. Thanks are also due to those, both colleagues and students, who offered suggestions and advice. I am especially indebted to Betty Ferber Aridjis, who compiled the vocabulary.

Homero Aridjis

Contents

Pablo Neruda   69

SEIS
POETAS
LATINOAMERICANOS
DE HOY

Vicente Huidobro

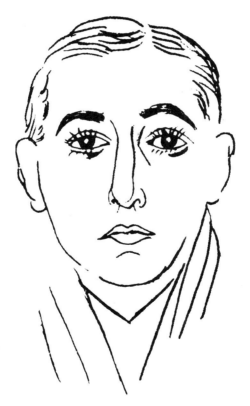

Vicente huidobro was born in Santiago, Chile on January 10, 1893. As a young man, scarcely twenty years old, he proclaimed his disagreement with the nineteenth-century poets, who were debating the respective merits of imitating the classical poets or the late postromantics. He suggested a kind of poetry totally different from the modernism of Rubén Darío and his followers. Huidobro formulated the credo of his movement, to be known as "creationism," in the course of a lecture delivered in 1914 at the Atheneum in Santiago: "*Non serviam.* I don't have to be your slave, Mother Nature; I'll be your master. You'll use me; that's all right, I can't and don't wish to avoid that; but I too will use you. I'll have my own trees, which won't be like yours, I'll have my own mountains, my rivers and seas, I'll have my sky and my stars." This idea is at the heart of the poem "Arte poética," which appeared in 1916 as part of the book *El espejo del agua,* published in Buenos Aires:

> Why sing of the rose, oh Poets!
> Make it flower in the poem.

His manifesto in favor of a new poetry, with a firm declaration of his preferences and dislikes, appeared in *Pasando y pasando*:

> I like everything in literature that is innovation. Everything that is original.
> I hate routine, clichés and rhetoric.
> I hate mummies and museum crypts.
> I hate literary fossils.
> I hate the noise of the chains that bind.

I hate everybody who is still dreaming about the old days and who thinks that nobody can better the past. . . .

But I don't want it thought that I despise the past. No. I condemn anyone who only thinks about the past and despises the present, but I love the past.

There are no schools for me, only poets. Great poets stand outside all schools and within every period. Schools pass and die. Great poets never die.

Huidobro published his book *Adán,* dedicated to Ralph Waldo Emerson, in 1916; this Adam, however, is not biblical, but scientific. The poet, by his own admission, poured into the book all the "pantheism of my soul," while limiting himself to scientific truths. In the preface he quotes Emerson: "He is the true and only doctor; he knows and tells; he is the only teller of news, for he was present and privy to the appearance which he describes." That same year, Huidobro traveled to Buenos Aires, and during a lecture in the Atheneum he enunciated this formula: "The first condition of the poet is to create; the second, to create; and the third, to create." From that day he was labeled a "creationist."

While in Paris at the end of 1916, in the midst of the First World War, Huidobro rapidly established relations with the poets gathered around *Nord-Sud,* a French literary magazine edited by Pierre Reverdy. The magazine's contributors included such writers as Guillaume Apollinaire (the dominant influence), André Breton, Tristan Tzara, Max Jacob, and Huidobro himself. During this period, he published a series of poetry books written in French—*Horizon carré* (1917) and *Tour Eiffel* (1918)—as well as in Spanish—*Ecuatorial* (1918) and *Poemas árticos* (1918).

Huidobro quickly incorporated into his own poetry the poetic currency of that time, connected with the movements of rupture and breaking away from traditional poetic forms. Apollinaire had already published *Calligrammes* and *Alcools;* the dadaists and emerging surrealists were active in Paris and in other European cities; Pablo Picasso was transforming painting; Igor Stravinsky, music; and James Joyce, the novel. Sigmund Freud and Albert Einstein had proclaimed their respective theories of psychoanalysis and relativity. While Marcel Proust was publishing *A la recherche du temps perdu* and T. S. Eliot laid bare *The Waste Land,* the First World War and the Russian Revolution had already covered the second decade of the twentieth century with blood.

Living in Madrid, Huidobro put together the first issue of the international magazine of the arts, *Creación,* in January 1921. Only one more issue was to appear, in Paris three years later, bearing the French title *Création.* Still writing mostly in French, Huidobro published two books in 1925—*Automne régulier* and *Tout à coup.* During this time he kept up a continuous production of manifestos, emphasizing the creationist idea of "making a poem as nature makes a tree." Finally, in 1931, Huidobro published his best-known work in Spanish, a long poem entitled *Altazor,* which the Chilean critic Braulio Arenas has described as "the history, told in seven cantos, of human speech turned into the poetic word."

In 1933, Huidobro returned to Chile to participate in fairs, exhibitions, poetry recitals, and to publish the literary reviews *Pro, Vital, Primero de Mayo,* and *Total,* along with his own works —*Ver y palpar* and *El ciudadano del olvido* (1941). Just as Neruda would do several decades later, he presented his own candidacy for the presidency of the Republic.

Huidobro died at his farm in Cartagena, Chile on January 2, 1948, having exerted a definitive influence on avant-garde Spanish poetry.

Arte poética

Que el verso sea como una llave
Que abra mil puertas.
Una hoja cae; algo pasa volando;
Cuanto miren los ojos creado sea,
Y el alma del oyente quede temblando.   5

Inventa mundos nuevos y cuida tu palabra;
El adjetivo, cuando no da vida, mata.

Estamos en el ciclo de los nervios.
El músculo cuelga,
Como recuerdo, en los museos;   10
Mas no por eso tenemos menos fuerza:
El vigor verdadero
Reside en la cabeza.

Por qué cantáis la rosa, ¡oh Poetas!
Hacedla florecer en el poema;   15

Sólo para nosotros
Viven todas las cosas bajo el Sol.

El poeta es un pequeño Dios.

Horas

El villorrio
Un tren detenido sobre el llano

En cada charco
               duermen estrellas sordas
Y el agua tiembla   5
Cortinaje al viento

           La noche cuelga en la arboleda

En el campanario florecido

Una gotera viva
          desangra las estrellas   10

        De cuando en cuando
        Las horas maduras
               caen sobre la vida

Exprés

Una corona yo me haría
De todas las ciudades recorridas

Londres	Madrid	París
Roma	Nápoles	Zurich

Silban en los llanos   5
        locomotoras cubiertas de algas

AQUÍ NADIE HE ENCONTRADO

De todos los ríos navegados
yo me haría un collar

El Amazonas	El Sena	10
El Támesis	El Rin	

Cien embarcaciones sabias
Que han plegado las alas

       Y mi canción de marinero huérfano
       Diciendo adiós a las playas   15

Aspirar el aroma del Monte Rosa
Trenzar las canas errantes del Monte Blanco
Y sobre el cenit del Monte Cenis[1]

---

[1] Monte Rosa . . . Cenis: Huidobro is punning on the names of the Alpine peaks of Mont Rose (*aroma*-Rosa), Mont Blanc (*canas*-Blanco), and Mont Cenis (*cenit*-Cenis).

Encender en el sol muriente
El último cigarro   20

Un silbido horada el aire

       No es un juego de agua

          ADELANTE

Apeninos gibosos
          marchan hacia el desierto   25

Las estrellas del oasis
Nos darán miel de sus dátiles

En la montaña
El viento hace crujir las jarcias
Y todos los montes dominados   30
Los volcanes bien cargados
Levarán el ancla

        ALLÁ ME ESPERARÁN

Buen viaje

Un poco más lejos   35
Termina la Tierra

Pasan los ríos bajo las barcas
       La vida ha de pasar

HASTA MAÑANA

Horizonte

Pasar el horizonte envejecido

Y mirar en el fondo de los sueños
La estrella que palpita

Eras tan hermosa
    que no pudiste hablar   5

Yo me alejé
    pero llevo en la mano
Aquel cielo nativo
Con un sol gastado

Esta tarde   10
   en un café
     he bebido

    Un licor tembloroso
    Como un pescado rojo

Y otra vez en el vaso escondido   15
Ese sueño filial

Eras tan hermosa
    que no pudiste hablar

En tu pecho algo agonizaba

Eran verdes tus ojos   20
         pero yo me alejaba

Eras tan hermosa
        que aprendí a cantar

Départ[1]

La barca se alejaba
Sobre las olas cóncavas

De qué garganta sin plumas
            brotaban las canciones

    Una nube de humo y un pañuelo   5
    Se batían al viento

Las flores del solsticio
Florecen al vacío

Y en vano hemos llorado
          sin poder recogerlas   10

   El último verso nunca será cantado

Levantando un niño al viento
Una mujer decía adiós desde la playa

TODAS LAS GOLONDRINAS SE ROMPIERON LAS ALAS

---

[1] Départ: (French) departure.

Campanario

A cada son de la campana
                    un pájaro volaba

Pájaros de ala inversa
                    que mueren entre las tejas

Donde ha caído la primera canción   5

Al fondo de la tarde
                    las llamas vegetales

En cada hoja tiembla el corazón

Y una estrella se enciende a cada paso

                    Los ojos guardan algo   10
                    Que palpita en la voz

Sobre la lejanía
                    un reloj se vacía[1]

---

[1] Sobre . . . vacía: Compare this verbal image (written in 1918) with the
imagery of Salvador Dalí's surrealist painting "The Persistence of Memory"
(painted in 1931).

Altazor[1]

CANTO III (fragmento)

Basta señora arpa de las bellas imágenes
De los furtivos comos[2] iluminados
Otra cosa otra cosa buscamos
Sabemos posar un beso como una mirada
Plantar miradas como árboles   5
Enjaular árboles como pájaros
Regar pájaros como heliotropos
Tocar un heliotropo como una música
Vaciar una música como un saco
Degollar un saco como un pingüino   10
Cultivar pingüinos como viñedos
Ordeñar un viñedo como una vaca
Desarbolar vacas como veleros
Peinar un velero como un cometa
Desembarcar cometas como turistas   15
Embrujar turistas como serpientes
Cosechar serpientes como almendras
Desnudar una almendra como un atleta
Leñar atletas como cipreses
Iluminar cipreses como faroles   20
Anidar faroles como alondras
Exhalar alondras como suspiros
Bordar suspiros como sedas
Derramar sedas como ríos

[1] Altazor: composite of *alto azor* (lofty goshawk), Huidobro's symbol for the poet.
[2] comos: plural of *como*.

Tremolar un río como una bandera   25
Desplumar una bandera como un gallo
Apagar un gallo como un incendio
Bogar en incendios como en mares
Segar mares como trigales
Repicar trigales como campanas   30
Desangrar campanas como corderos
Dibujar corderos como sonrisas
Embotellar sonrisas como licores
Engastar licores como alhajas
Electrizar alhajas como crepúsculos   35
Tripular crepúsculos como navíos
Descalzar un navío como un rey
Colgar reyes como auroras
Crucificar auroras como profetas
Etc. etc. etc.   40
Basta señor violín hundido en una ola ola
Cotidiana ola de religión miseria
De sueño en sueño posesión de pedrerías

Después del corazón comiendo rosas
Y de las noches del rubí perfecto   45
El nuevo atleta salta sobre la pista mágica
Jugando con magnéticas palabras
Caldeadas como la tierra cuando va a salir un volcán
Lanzando sortilegios de sus frases pájaro

CANTO IV (fragmento)

No hay tiempo que perder
Ya viene la golondrina monotémpora
Trae un acento antípoda de lejanías que se acercan
Viene gondoleando[1] la golondrina

Al horitaña[2] de la montazonte[3]   5
La violondrina[4] y el goloncelo[5]
Descolgada esta mañana de la lunala[6]
Se acerca a todo galope
Ya viene viene la golondrina
Ya viene viene la golonfina   10
Ya viene la golontrina
Ya viene la goloncima
Viene la golonchina
Viene la golonclima
Ya viene la golonrima   15
Ya viene la golonrisa
La golonniña
La golongira
La golonlira
La golonbrisa   20
La golonchilla
Ya viene la golondía[7]

[1] gondoleando: moving like a gondola.
[2] horitaña: composite of *hori(zonte)* and *(mon)taña.*
[3] montazonte: composite of *monta (ña)* and *(hori)zonte.*
[4] violondrina: composite of *violon(celo)* and *(golon)drina.*
[5] goloncelo: composite of *golon(drina)* and *(violon)celo.*
[6] lunala: *luna.*
[7] golonfina . . . golondía: word-play on *golondrina;* each substitute for
"drina" is a legitimate word in Spanish.

Y la noche encoge sus uñas como el leopardo
Ya viene la golontrina
Que tiene un nido en cada uno de los dos calores   25
Como yo lo tengo en los cuatro horizontes
Viene la golonrisa
Y las olas se levantan en la punta de los pies
Viene la golonniña
Y siente un vahido la cabeza de la montaña   30
Viene la golongira
Y el viento se hace parábola de sílfides en orgía
Se llenan de notas los hilos telefónicos
Se duerme el ocaso con la cabeza escondida
Y el árbol con el pulso afiebrado   35

Pero el cielo prefiere el rodoñol
Su niño querido el rorreñol
Su flor de alegría el romiñol
Su piel de lágrima el rofañol
Su garganta nocturna el rosolñol   40
El rolañol
El rosiñol [8]

---

[8] rodoñol . . . rosiñol: word-play on the French word for nightingale,
rossignol (*ruiseñor* in Spanish).

Ella

Ella daba dos pasos hacia delante
Daba dos pasos hacia atrás
El primer paso decía buenos días señor
El segundo paso decía buenos días señora
Y los otros decían cómo está la familia   5
Hoy es un día hermoso como una paloma en el cielo

Ella llevaba una camisa ardiente
Ella tenía ojos de adormecedora de mares
Ella había escondido un sueño en un armario oscuro
Ella había encontrado un muerto en medio de su cabeza   10

Cuando ella llegaba dejaba una parte más hermosa muy
    lejos
Cuando ella se iba algo se formaba en el horizonte para
    esperarla
Sus miradas estaban heridas y sangraban sobre la colina
Tenía los senos abiertos y cantaba las tinieblas de su
    edad
Era hermosa como un cielo bajo una paloma   15

Tenía una boca de acero
Y una bandera mortal dibujada entre los labios
Reía como el mar que siente carbones en su vientre
Como el mar cuando la luna se mira ahogarse
Como el mar que ha mordido todas las playas   20
El mar que desborda y cae en el vacío en los tiempos de
    abundancia

Cuando las estrellas arrullan sobre nuestras cabezas
Antes que el viento norte abra sus ojos
Era hermosa en sus horizontes de huesos
Con su camisa ardiente y sus miradas de árbol fatigado   25
Como el cielo a caballo sobre las palomas

Pesos y medidas

Las mágicas gallinas en su planeta alegre
Fabrican huevos sobre medida
Como los árboles encomendados a la tierra
Con precisión se mide el río de estrella en estrella
La luna mide el cielo lentamente   5
Y nadie ha oído nunca el ruido de sus pasos
La campana fabrica campanadas tan exactas
Que no hay sorpresa o muy pequeño margen
Como un alma conocida en todas sus sombras
En sus rumores y sus incitaciones al fuego   10
A las lejanías y al cerca de su tallo

Los astros conocen sus kilómetros
Las ramas su potencia futura
La piedra su caída preparada en la primera noche de los
    tiempos
La lluvia es a medida de su nube   15
Y su velocidad se ajusta al peso y la atracción
Como el choque de dos bocas que se aman

Sobre medida ladran los perros
Porque el fantasma se rasca la cabeza
Sobre medida canta el canario   20
Porque tiene medidos los veranos
Sobre medida corre la Tierra
Como una bala al corazón del éter distraído

Balada de lo que no vuelve

Venía hacia mí por la sonrisa
Por el camino de su gracia
Y cambiaba las horas del día
El cielo de la noche se convertía en el cielo del amanecer
El mar era un árbol frondoso lleno de pájaros   5
Las flores daban campanadas de alegría
Y mi corazón se ponía a perfumar enloquecido

Van andando los días a lo largo del año
¿En dónde estás?
Me crece la mirada   10
Se me alargan las manos
En vano la soledad abre sus puertas
Y el silencio se llena de tus pasos de antaño
Me crece el corazón
Se me alargan los ojos   15
Y quisiera pedir otros ojos
Para ponerlos allí donde terminan los míos
¿En dónde estás ahora?
¿Qué sitio del mundo se está haciendo tibio con tu
    presencia?
Me crece el corazón como una esponja   20
O como esos corales que van a formar islas
Es inútil mirar los astros
O interrogar las piedras encanecidas
Es inútil mirar ese árbol que te dijo adiós el último
Y te saludará el primero a tu regreso   25
Eres substancia de lejanía
Y no hay remedio
Andan los días en tu busca
A qué seguir por todas partes la huella de sus pasos

El tiempo canta dulcemente   30
Mientras la herida cierra los párpados para dormirse
Me crece el corazón
Hasta romper sus horizontes
Hasta saltar por encima de los árboles
Y estrellarse en el cielo   35
La noche sabe qué corazón tiene más amargura

Sigo las flores y me pierdo en el tiempo
De soledad en soledad
Sigo las olas y me pierdo en la noche
De soledad en soledad   40
Tú has escondido la luz en alguna parte
¿En dónde? ¿En dónde?
Andan los días en tu busca
Los días llagados coronados de espinas
Se caen se levantan   45
Y van goteando sangre
Te buscan los caminos de la tierra
De soledad en soledad
Me crece terriblemente el corazón
Nada vuelve   50
Todo es otra cosa
Nada vuelve nada vuelve
Se van las flores y las hierbas
El perfume apenas llega como una campanada de otra
     provincia
Vienen otras miradas y otras voces   55
Viene otra agua en el río
Vienen otras hojas de repente en el bosque
Todo es otra cosa
Nada vuelve
Se fueron los caminos   60
Se fueron los minutos y las horas
Se alejó el río para siempre
Como los cometas que tanto admiramos
Desbordará mi corazón sobre la tierra
Y el universo será mi corazón   65

Infancia de la muerte

Señora Tempestad he ahí vuestro demonio
El corre como un caballo
Canta como el árbol donde maduran las aldeas
Buenos días buenas tardes
El delira vestido como un príncipe   5

Cuidado con los pájaros que se anclan
Cuidado con el imán del más allá que atrae nuestros pies

El mar nace de su propio discurso
Cortad las alas al velero orgulloso
Que muere porque la luna silba hacia las grandes
      lontananzas   10
Y que hace al pasar un ruido más dulce que la arena
      muriente
El se mira desde el fondo de su edad
Peina su larga cabellera como las serpientes del milagro
Mira su pecho donde aún queda un sueño caliente
      de cuando era tierra
Piensa en su mañana de esqueleto sin ojos   15
Y tiembla como un vuelo de palomas

El horizonte esperado llegará esta noche
Podemos ya agitar nuestros pañuelos
Vestir nuestras estatuas de ojos tan tiernos
He ahí he ahí   20
Colgad de las nubes los más hermosos cortinajes
He ahí he ahí

La noche viene con todas sus ovejas
Nos ha visto de lejos las líneas de la mano
Se ha sentado y se mira en el arroyo   25
Come nueces de angustia y habla al oído del viento

He ahí he ahí
La luna silba el barco se detiene
La arena sigue su destino

PREGUNTAS

Arte poética

1. ¿Qué importancia tiene este poema para el movimiento creacionista?
2. ¿Cuáles son los versos significativos para la teoría creacionista?
3. ¿Por qué pide Huidobro que los poetas no canten a la rosa, sino la hagan florecer en el poema?
4. ¿Qué quiere decir el poeta con "El poeta es un pequeño Dios"?

Horas

1. ¿Cuáles son los versos creacionistas en este poema?

Exprés

1. Explique el ambiente de viaje en este poema.
2. ¿Cómo juega el poeta con los nombres de los montes?
3. ¿Qué quiere decir con "Encender en el sol muriente / El último cigarro"?

Horizonte

1. ¿Por qué "Eras tan hermosa / que no pudiste hablar"?
2. ¿Por qué "Un licor tembloroso / Como un pescado rojo"?

Départ

1. ¿Con qué imágenes crea Huidobro el ambiente de viaje en este poema?
2. ¿Cuáles son las gargantas sin plumas?
3. ¿Qué significan las golondrinas que se rompen las alas?

Campanario

1. Explique la relación de los sones de la campana con los pájaros.
2. ¿Por qué "Al fondo de la tarde las llamas vegetales"?
3. ¿Puede comparar el verso "Sobre la lejanía / un reloj se vacía" con el cuadro "Persistencia de la memoria" de Salvador Dalí?

Altazor

1. ¿Qué significa Altazor?
2. ¿Qué representa el poema en sus siete cantos?
3. Como símbolo del poeta, ¿qué relación puede tener *Altazor* con el albatros de Charles Baudelaire?

4. ¿Qué quiere decir Huidobro con "comos iluminados"?
5. ¿Cómo se burla del gusto por los símiles que tienen muchos poetas?
6. ¿Quién es el nuevo atleta?
7. ¿Cómo intercambia las sílabas de montaña y horizonte?
8. ¿Cómo juega con la palabra *golondrina*?
9. ¿Cree que el rosiñol es el ruiseñor?

Ella

1. ¿Quién es ella?
2. ¿Cómo es ella?

Pesos y medidas

1. ¿Con qué imágenes nos da Huidobro la sensación de un movimiento universal de pesos y medidas?
2. ¿Cuáles son los versos creacionistas en el poema?

Balada de lo que no vuelve

1. ¿Cuál era el ser que venía hacia Huidobro, y cómo influía sobre él?
2. ¿Cómo manifiesta su ausencia?
3. ¿Cómo expresa el sentimiento de irreparabilidad, o sea, de que nada vuelve?
4. ¿Qué significan los últimos versos?

Infancia de la muerte

1. ¿Por qué nace el mar "de su propio discurso"?
2. ¿Cuáles son las ovejas de la noche?
3. ¿Por qué "La arena sigue su destino"?
4. Analice las imágenes creacionistas en el poema.

César Vallejo

CÉSAR ABRAHAM VALLEJO, the youngest of the eleven children of Francisco de Paula Vallejo and María de los Santos Mendoza, was born in the northern Peruvian town of Santiago del Chuco on March 16, 1892. The intense religious atmosphere of his childhood—his parents wanted him to become a priest—was punctuated by frequent hunger.

Leaving the restrictions of his family's home in 1910, Vallejo traveled to Trujillo and enrolled at the university where he became a student of literature. Due to financial difficulties, he was forced to abandon his studies twice in the following years, but eventually received his degree in 1915.

In 1919, with the publication of *Los heraldos negros,* Vallejo simultaneously acknowledged his debt to some of the rhythms, images, and vocabulary of modernism, while initiating his own personal style and presenting themes that predominate in all his subsequent works. These themes are those of orphanage and brotherhood, around which converge the subordinate motifs of suffering, love, socially oriented religiosity, and primarily, poverty. "The highest and most sincere poetry," Vallejo wrote, "is a luxury of poverty."

During a visit to his native town in the summer of 1920, on the occasion of local festivities honoring the town's patron saint, the tense political atmosphere erupted into a riot. In the chaos that ensued, a man was mortally wounded and a store sacked and burned. Vallejo was gratuitously accused of instigating the incident, along with nineteen others, and was sentenced to 112 days in prison.

Trilce, his collection of poems published in 1922, was originally to be called *Cráneos de bronce* and printed under the pseudonym "César Perú." However, the taunting of Vallejo's friends who accused him of trying to emulate other writers, such as Anatole France, brought about an opportune rejection of both title and pseudonym. It is said that the last-minute discovery of the title *Trilce* occurred while he was repeating aloud to himself the price of the volume, three pounds (*tres libras*): "tres, tres, tres . . . tresss, trisss, trisess, tril, trilsss, trilce." This account of the creative process that led to the retitling of Vallejo's book has since been refuted by the poet's widow, Georgette de Vallejo, who attributes the title to a "strictly phonetic discovery, totally unrelated to pounds."

In 1923, Vallejo sailed for France, never to return to Peru. The critic André Coyné says that Vallejo's life in Paris during the latter half of 1924 was passed "in the throes of a mountain of pains, nervous crises, incurable anguish." It was during this time that Vallejo's father died in Santiago del Chuco. Vallejo, himself very near death, was necessarily hospitalized because of intestinal hemorrhaging. Forced to spend weeks in the Hôpital de la Charité, Vallejo feared for his life and suffered "physical pains and unbelievable spiritual depressions." Georgette de Vallejo also takes issue with this account, asserting that it is exaggerated and that Vallejo was not even interned in that particular hospital.

During the next years, Vallejo made several trips to Spain and Russia, where he met with other intellectuals. Throughout that time, however, he maintained his residence in Paris, eking out a living as a journalist and, later, as a teacher of Spanish. When the Spanish Civil War broke out in 1936, he sided with the Republican faction and participated in street collections to raise money for their cause; he was one of the founders of Grupo Hispanoamericano de Ayuda a España. In the short time between September and December 1937, Vallejo wrote a testimonial to the conflict, *España, aparta de mí este cáliz,* which is widely held to be the best long poem written about the Civil War.

On the threshold of death in 1937, Vallejo experienced the most creative period of his life. It was during this time that he wrote the majority of his *Poemas humanos.* Perhaps no other Spanish-speaking poet during the first half of the century enjoyed a period of such extraordinary poetic inspiration. Vallejo had created a body of work that is both veiled and direct, personal and social, physical and spiritual, political and religious, realistic and imaginative, carefully placing at the heart of each poem the ordinary, unfortunate, anonymous man.

On April 15, 1938, Vallejo died in Paris, deliriously repeating: "I'm going to Spain. . . . I want to go to Spain."

Los heraldos negros

Hay golpes en la vida, tan fuertes... Yo no sé!
Golpes como del odio de Dios; como si ante ellos,
la resaca de todo lo sufrido
se empozara en el alma... Yo no sé!

Son pocos; pero son... Abren zanjas oscuras   5
en el rostro más fiero y en el lomo más fuerte.
Serán tal vez los potros de bárbaros atilas[1];
o los heraldos negros que nos manda la Muerte.

Son las caídas hondas de los Cristos del alma,
de alguna fe adorable que el Destino blasfema.   10
Esos golpes sangrientos son las crepitaciones
de algún pan que en la puerta del horno se nos quema.

Y el hombre... Pobre... pobre! Vuelve los ojos, como
cuando por sobre el hombro nos llama una palmada;
vuelve los ojos locos, y todo lo vivido   15
se empoza, como charco de culpa, en la mirada.

Hay golpes en la vida, tan fuertes... Yo no sé!

---

[1] atilas: Attila (d. 453 A.D.), Hun leader who conquered Eastern Europe,
known as "the scourge of God."

Dios

Siento a Dios que camina
tan en mí, con la tarde y con el mar.
Con él nos vamos juntos. Anochece.
Con él anochecemos. Orfandad...

Pero yo siento a Dios. Y hasta parece   5
que él me dicta no sé qué buen color.
Como un hospitalario, es bueno y triste;
mustia un dulce desdén de enamorado:
debe dolerle mucho el corazón.

Oh, Dios mío, recién a ti me llego,   10
hoy que amo tanto en esta tarde; hoy
que en la falsa balanza de unos senos,
mido y lloro una frágil Creación.

Y tú, cuál llorarás... tú, enamorado
de tanto enorme seno girador...   15
Yo te consagro Dios, porque amas tanto;
porque jamás sonríes; porque siempre
debe dolerte mucho el corazón.

Los pasos lejanos

Mi padre duerme. Su semblante augusto
figura un apacible corazón;
está ahora tan dulce...
si hay algo en él de amargo, seré yo.

Hay soledad en el hogar; se reza;   5
y no hay noticias de los hijos hoy.
Mi padre se despierta, ausculta
la huída a Egipto[1], el restañante adiós.
Está ahora tan cerca;
si hay algo en él de lejos, seré yo.   10

Y mi madre pasea allá en los huertos,
saboreando un sabor ya sin sabor.
Está ahora tan suave,
tan ala, tan salida, tan amor.

Hay soledad en el hogar sin bulla,   15
sin noticias, sin verde, sin niñez.
Y si hay algo quebrado en esta tarde,
y que baja y que cruje,
son dos viejos caminos blancos, curvos.
Por ellos va mi corazón a pie.   20

---

[1] la . . . Egipto: the flight into Egypt of Joseph, Mary, and Jesus follow-
ing the massacre of the innocents.

Trilce

III

Las personas mayores[1]
¿a qué hora volverán?
Da las seis el ciego Santiago,
y ya está muy oscuro.

Madre dijo que no demoraría.   5

Aguedita, Nativa, Miguel [2],
cuidado con ir por ahí, por donde
acaban de pasar gangueando sus memorias
dobladoras penas,
hacia el silencioso corral, y por donde   10
las gallinas que se están acostando todavía,
se han espantado tanto.
Mejor estemos aquí no más.
Madre dijo que no demoraría.

Ya no tengamos pena. Vamos viendo   15
los barcos ¡el mío es más bonito de todos!
con los cuales jugamos todo el santo día[3],
sin pelearnos, como debe de ser:
han quedado en el pozo de agua, listos,
fletados de dulces para mañana.   20

[1] Las . . . mayores: grown-ups.
[2] Aguedita . . . Miguel: Vallejo's sisters and brother closest to him in age.
[3] todo . . . día: the whole day long.

Aguardemos así, obedientes y sin más
remedio, la vuelta, el desagravio
de los mayores siempre delanteros
dejándonos en casa a los pequeños,
como si también nosotros   25
       no pudiésemos partir.

Aguedita, Nativa, Miguel?
Llamo, busco al tanteo en la oscuridad.
No me vayan a haber dejado solo,
y el único recluso sea yo.   30

LXXV

ESTÁIS MUERTOS.

Qué extraña manera de estarse muertos. Quienquiera
diría no lo estáis. Pero, en verdad, estáis muertos.

Flotáis nadamente[1] detrás de aquesa membrana que,
    péndula del cenit al nadir, viene y va de crepúsculo
    a crepúsculo, vibrando ante la sonora caja de una   5
    herida que a vosotros no os duele. Os digo, pues,
    que la vida está en el espejo, y que vosotros sois el
    original, la muerte.

Mientras la onda va, mientras la onda viene, cuán im-
    punemente se está uno muerto. Sólo cuando las aguas   10
    se quebrantan en los bordes enfrentados y se doblan
    y doblan, entonces os transfiguráis y creyendo morir,
    percibís la sexta cuerda que ya no es vuestra.

Estáis muertos, no habiendo antes vivido jamás. Quien-
    quiera diría que, no siendo ahora, en otro tiempo   15
    fuisteis. Pero, en verdad, vosotros sois los cadáveres
    de una vida que nunca fue. Triste destino el no haber
    sido sino muertos siempre. El ser hoja seca sin haber
    sido verde jamás. Orfandad de orfandades.

Y sin embargo, los muertos no son, no pueden ser cadá-   20
    veres de una vida que todavía no han vivido. Ellos
    murieron siempre de vida.

Estáis muertos.

[1] nadamente: word created by Vallejo from *nada* (nothing) and *nadar*
(to swim).

La violencia de las horas[1]

Todos han muerto.

Murió doña Antonia, la ronca, que hacía pan barato en
 el burgo.

Murió el cura Santiago, a quien placía le saludasen los
 jóvenes y las mozas, respondiéndoles a todos, indis-   5
 tintamente: ¡"Buenos días, José! ¡Buenos días,
 María!"

Murió aquella joven rubia, Carlota, dejando un hijito de
 meses, que luego también murió a los ocho días de la
 madre.   10

Murió mi tía Albina, que solía cantar tiempos y modos
 de heredad[2], en tanto cosía en los corredores, para
 Isidora, la criada de oficio, la honrosísima mujer.

Murió un viejo tuerto, su nombre no recuerdo, pero
 dormía al sol de la mañana, sentado ante la puerta   15
 del hojalatero de la esquina.

Murió Rayo, el perro de mi altura[3], herido de un balazo
 de no se sabe quíen.

---

[1] *La violencia de las horas:* a poetic roster listing the names of the
deceased of Santiago de Chuco known by Vallejo during his childhood.
[2] tiempos . . . heredad: songs of farm workers.
[3] mi altura: i.e., Vallejo's height as a child.

Murió Lucas, mi cuñado en la paz de las cinturas[4], de
   quien me acuerdo cuando llueve y no hay nadie en   20
   mi experiencia.

Murió en mi revólver mi madre, en mi puño mi hermana
   y mi hermano en mi víscera sangrienta, los tres
   ligados por un género triste de tristeza, en el mes de
   agosto de años sucesivos.   25

Murió el músico Méndez, alto y muy borracho, que
   solfeaba en su clarinete tocatas melancólicas, a cuyo
   articulado se dormían las gallinas de mi barrio,
   mucho antes de que el sol se fuese.

Murió mi eternidad y estoy velándola.   30

[4] en . . . cinturas: in the company of a woman.

El momento más grave de la vida

Un hombre dijo:

—El momento más grave de mi vida estuvo en la batalla
del Marne[1], cuando fui herido en el pecho.

Otro hombre dijo:

—El momento más grave de mi vida ocurrió en un   5
maremoto de Yokohama[2], del cual salvé milagrosa-
mente, refugiado bajo el alero de una tienda de lacas.

Y otro hombre dijo:

—El momento más grave de mi vida acontece cuando
duermo de día.   10

Y otro dijo:

—El momento más grave de mi vida ha estado en mi
mayor soledad.

Y otro dijo:

—El momento más grave de mi vida fue mi prisión en   15
una cárcel del Perú[3].

[1] la . . . Marne: The Battle of the Marne (September 6–9, 1914) was
regarded by Allied Forces as the turning point of the First World War.
[2] Yokohama: the Japanese seaport that was almost obliterated by a sea-
quake on September 1, 1923.
[3] El . . . Perú: reference to Vallejo's imprisonment in 1920.

Y otro dijo:

—El momento más grave de mi vida es el haber sorpren-
dido de perfil a mi padre.

Y el último hombre[4] dijo: 20

—El momento más grave de mi vida no ha llegado
todavía.

---

[4] el . . . hombre: The poet's widow, Georgette de Vallejo, has stated in a
private communication that Vallejo himself was the "last man."

Hoy me gusta la vida mucho menos . . .

Hoy me gusta la vida mucho menos,
pero siempre me gusta vivir: ya lo decía.
Casi toqué la parte de mi todo y me contuve
con un tiro en la lengua detrás de mi palabra.

Hoy me palpo el mentón en retirada   5
y en estos momentáneos pantalones yo me digo:
¡Tánta vida y jamás!
¡Tántos años y siempre mis semanas!...
Mis padres enterrados con su piedra
y su triste estirón[1] que no ha acabado;   10
de cuerpo entero hermanos, mis hermanos,
y, en fin, mi sér parado y en chaleco.

Me gusta la vida enormemente
pero, desde luego,
con mi muerte querida y mi café   15
y viendo los castaños frondosos de París
y diciendo:
Es un ojo éste, aquél; una frente ésta, aquélla... Y re-
       pitiendo:
¡Tánta vida y jamás me falla la tonada[2]!
¡Tántos años y siempre, siempre, siempre!   20

Dije chaleco, dije
todo, parte, ansia, dije casi, por no llorar.

---

[1] estirón: final convulsive movement of the body before death.
[2] jamás . . . tonada: something like "the vital impulse never fails me."

Que es verdad que sufrí en aquel hospital que queda al
    lado
y está bien y está mal haber mirado
de abajo para arriba[3] mi organismo.   25

Me gustará vivir siempre, así fuese de barriga[4],
porque, como iba diciendo y lo repito,
¡tánta vida y jamás! ¡Y tántos años,
y siempre, mucho siempre, siempre siempre!

---

[3] de . . . arriba: from head to foot.
[4] así . . . barriga: flat on my belly, doing nothing.

Los nueve monstruos

I[1], desgraciadamente,
el dolor crece en el mundo a cada rato,
crece a treinta minutos por segundo, paso a paso,
y la naturaleza del dolor, es el dolor dos veces
y la condición del martirio, carnívora, voraz,   5
es el dolor dos veces
y la función de la yerba purísima, el dolor
dos veces
y el bien de sér, dolernos doblemente.

¡Jamás, hombres humanos,   10
hubo tánto dolor en el pecho, en la solapa, en la cartera,
en el vaso, en la carnicería, en la aritmética!
¡Jamás tánto cariño doloroso,
jamás tan cerca arremetió lo lejos,
jamás el fuego nunca   15
jugó mejor su rol de frío muerto!
¡Jamás, señor ministro de salud, fue la salud
más mortal
y la migrana extrajo tánta frente de la frente!
Y el mueble tuvo en su cajón, dolor,   20
el corazón, en su cajón, dolor,
la lagartija, en su cajón, dolor.

¡Crece la desdicha, hermanos hombres,
más pronto que la máquina, a diez máquinas, y crece

[1] I: Y (Vallejo's personal orthography).

con la res de Rousseau[2], con nuestras barbas;   25
crece el mal por razones que ignoramos
y es una inundación con propios líquidos,
con propio barro y propia nube sólida!
Invierte el sufrimiento posiciones, da función
en que el humor acuoso es vertical   30
al pavimento,
el ojo es visto y esta oreja oída,
y esta oreja da nueve campanadas a la hora
del rayo, y nueve carcajadas
a la hora del trigo, y nueve sones hembras   35
a la hora del llanto, y nueve cánticos
a la hora del hambre y nueve truenos
y nueve látigos, menos un grito.

El dolor nos agarra, hermanos hombres,
por detrás, de perfil,   40
y nos aloca en los cinemas,
nos clava en los gramófonos,
nos desclava en los lechos, cae perpendicularmente
a nuestros boletos, a nuestras cartas;
y es muy grave sufrir, puede uno orar...   45
Pues de resultas
del dolor, hay algunos
que nacen, otros crecen, otros mueren,
y otros que nacen y no mueren, otros
que sin haber nacido, mueren, y otros   50
que no nacen ni mueren (son los más).
¡Y también de resultas
del sufrimiento, estoy triste
hasta la cabeza, y más triste hasta el tobillo,
de ver al pan, crucificado, al nabo,   55
ensangrentado,

---

[2] res de Rousseau: Jean Jacques Rousseau (1712–78), French writer and philosopher who believed the character of the original state of nature to be far superior to the state of society that men have created for themselves. *Res* refers to the *res publica,* the ideal republic envisioned by Rousseau.

llorando, a la cebolla,
al cereal, en general, harina,
a la sal, hecha polvo, al agua, huyendo,
al vino, un ecce-homo[3],   60
tan pálida a la nieve, al sol tan ardio!
¡Cómo, hermanos humanos,
no deciros que ya no puedo y
ya no puedo con tánto cajón,
tánto minuto, tánta   65
lagartija y tánta
inversión, tánto lejos y tánta sed de sed!
Señor Ministro de Salud: ¿qué hacer?
¡Ah! desgraciadamente, hombres humanos, .
hay, hermanos, muchísimo que hacer.   70

---

[3] ecce-homo: (Latin) "Behold the man"; statement made by Pontius Pilate on seeing Christ crowned with thorns (see John 19:5).

Me viene, hay días, una gana ubérrima . . .

Me viene, hay días, una gana ubérrima, política,
de querer, de besar al cariño en sus dos rostros,
y me viene de lejos un querer
demostrativo, otro querer amar, de grado o fuerza,
al que me odia, al que rasga su papel, al muchachito,   5
a la que llora por el que lloraba,
al rey del vino, al esclavo del agua,
al que ocultose en su ira,
al que suda, al que pasa, al que sacude su persona en mi
      alma.
Y quiero, por lo tanto, acomodarle   10
al que me habla, su trenza; sus cabellos, al soldado;
su luz, al grande; su grandeza, al chico.
Quiero planchar directamente
un pañuelo al que no puede llorar
y, cuando estoy triste o me duele la dicha,   15
remendar a los niños y a los genios.

Quiero ayudar al bueno a ser su poquillo de malo
y me urge estar sentado
a la diestra del zurdo, y responder al mudo,
tratando de serle útil en   20
lo que puedo, y también quiero muchísimo
lavarle al cojo el pie,
y ayudarle a dormir al tuerto próximo.

¡Ah querer, éste, el mío, éste, el mundial,
interhumano y parroquial, provecto!   25

Me viene a pelo,
desde el cimiento, desde la ingle pública,
y, viniendo de lejos, da ganas de besarle
la bufanda al cantor,
y al que sufre, besarle en su sartén,   30
al sordo, en su rumor craneano, impávido;
al que me da lo que olvidé en mi seno,
en su Dante[1], en su Chaplin[2], en sus hombros.

Quiero, para terminar,
cuando estoy al borde célebre de la violencia   35
o lleno de pecho el corazón, querría
ayudar a reír al que sonríe,
ponerle un pajarillo al malvado en plena nuca,
cuidar a los enfermos enfadándolos,
comprarle al vendedor,   40
ayudarle a matar al matador—cosa terrible—
y quisiera yo ser bueno conmigo
en todo.

---

[1] Dante: Dante Alighieri (1265–1321), Italian poet and author of *The Divine Comedy*.
[2] Chaplin: Charles Chaplin (b. 1889).

Considerando en frío, imparcialmente . . .

Considerando en frío, imparcialmente,
que el hombre es triste, tose y, sin embargo,
se complace en su pecho colorado;
que lo único que hace es componerse
de días;   5
que es lóbrego mamífero y se peina...

Considerando
que el hombre procede suavemente del trabajo
y repercute jefe, suena subordinado;
que el diagrama del tiempo   10
es constante diorama en sus medallas
y, a medio abrir, sus ojos estudiaron,
desde lejanos tiempos,
su fórmula famélica de masa...

Comprendiendo sin esfuerzo   15
que el hombre se queda, a veces, pensando,
como queriendo llorar,
y, sujeto a tenderse como objeto,
se hace buen carpintero, suda, mata
y luego canta, almuerza, se abotona...   20

Examinando, en fin,
sus encontradas piezas, su retrete
su desesperación, al terminar su día atroz, borrándolo...

Considerando también
que el hombre es en verdad un animal   25

y, no obstante, al voltear, me da con su tristeza en la
 cabeza...

Comprendiendo
que él sabe que le quiero,
que le odio con afecto y me es, en suma, indiferente...

Considerando sus documentos generales   30
y mirando con lentes aquel certificado
que prueba que nació muy pequeñito...

le hago una seña,
viene,
y le doy un abrazo, emocionado.   35
¡Qué más da[1]! Emocionado... Emocionado...

---

[1] ¡Qué más da!: So what!

Piedra negra sobre una piedra blanca[1]

Me moriré en París con aguacero,
un día del cual tengo ya el recuerdo.
Me moriré en París—y no me corro[2]—
tal vez un jueves, como es hoy, de otoño.

Jueves será, porque hoy, jueves, que proso[3]   5
estos versos, los húmeros me he puesto
a la mala[4] y, jamás como hoy, me he vuelto,
con todo mi camino, a verme solo.

César Vallejo ha muerto, le pegaban
todos sin que él les haga nada;   10
le daban duro con un palo y duro

también con una soga; son testigos
los días jueves y los huesos húmeros,
la soledad, la lluvia, los caminos...

[1] *Piedra negra sobre una piedra blanca:* The Thracians, Cretans, and later the Romans marked a lucky day with a white stone and an unlucky one with a black stone. Cervantes refers to this practice in *Don Quijote*: "¿Qué hay, Sancho amigo? ¿Podré señalar este día con piedra blanca o con negra?"
[2] y . . . corro: and I am not afraid.
[3] proso: *prosar,* a medieval term meaning to write poetry that was frequently employed by Gonzalo de Berceo and Juan Ruiz.
[4] me . . . mala: have put me in a bad mood.

Intensidad y altura

Quiero escribir, pero me sale espuma,
quiero decir muchísimo y me atollo;
no hay cifra hablada que no sea suma,
no hay pirámide escrita, sin cogollo.

Quiero escribir, pero me siento puma;   5
quiero laurearme[1], pero me encebollo.
No hay toz[2] hablada, que no llegue a bruma,
no hay dios ni hijo de dios, sin desarrollo.

Vámonos, pues, por eso, a comer yerba,
carne de llanto, fruta de gemido,   10
nuestra alma melancólica en conserva.

¡Vámonos! ¡Vámonos! Estoy herido;
vámonos a beber lo ya bebido,
vámonos, cuervo, a fecundar tu cuerva.

---

[1] laurearme: to cover (or crown) myself with laurel leaves.
[2] toz: *tos;* it is also possible that Vallejo meant to write *voz,* or a combination of the two words. (*Poemas humanos* was published posthumously.)

La rueda del hambriento

Por entre mis propios dientes salgo humeando,
dando voces, pujando,
bajándome los pantalones...
Váca[1] mi estómago, váca mi yeyuno,
la miseria me saca por entre mis propios dientes,   5
cogido con un palito por el puño de la camisa.

Una piedra en que sentarme
¿no habrá ahora para mí?
Aun aquella piedra en que tropieza la mujer que ha
      dado a luz,
la madre del cordero, la causa, la raíz,   10
¿ésa no habrá ahora para mí?
¡Siquiera aquella otra,
que ha pasado agachándose por mi alma!
Siquiera
la calcárida o la mala (humilde océano)   15
o la que ya no sirve ni para ser tirada contra el hombre,
¡ésa dádmela ahora para mí!

Siquiera la que hallaren atravesada y sola en un insulto,
¡ésa dádmela ahora para mí!
Siquiera la torcida y coronada, en que resuena   20
solamente una vez el andar de las rectas conciencias,
o, al menos, esa otra, que arrojada en digna curva,
va a caer por sí misma,
en profesión de entraña verdadera,
¡ésa dádmela ahora para mí!   25

[1] Váca: The word can be read as *vacante* or *vacío*.

Un pedazo de pan, ¿tampoco habrá ahora para mí?
Ya no más he de ser lo que siempre he de ser,
pero dadme,
una piedra en que sentarme,
pero dadme   30
por favor, un pedazo de pan en que sentarme,
pero dadme,
en español
algo, en fin, de beber, de comer, de vivir, de reposarse,
y después me iré...   35
Hallo una extraña forma, está muy rota
y sucia mi camisa
y ya no tengo nada, esto es horrendo.

¡Y si después de tántas palabras . . .

¡Y si después de tántas palabras,
no sobrevive la palabra!
¡Si después de las alas de los pájaros,
no sobrevive el pájaro parado!
¡Más valdría, en verdad,   5
que se lo coman todo y acabemos!

¡Haber nacido para vivir de nuestra muerte!
¡Levantarse del cielo hacia la tierra
por sus propios desastres
y espiar el momento de apagar con su sombra su tiniebla!   10
¡Más valdría, francamente,
que se lo coman todo y qué más da!....

¡Y si después de tánta historia, sucumbimos,
no ya de eternidad,
sino de esas cosas sencillas, como estar   15
en la casa o ponerse a cavilar!
¡Y si luego encontramos,
de buenas a primeras[1], que vivimos,
a juzgar por la altura de los astros,
por el peine y las manchas del pañuelo!   20
¡Más valdría, en verdad,
que se lo coman todo, desde luego!

---

[1] de . . . primeras: all of a sudden.

Se dirá que tenemos
en uno de los ojos mucha pena
y también en el otro, mucha pena 25
y en los dos, cuando miran, mucha pena...
Entonces... ¡Claro!... Entonces... ¡ni palabra!

Traspié entre dos estrellas

¡Hay gentes tan desgraciadas, que ni siquiera
tienen cuerpo; cuantitativo el pelo,
baja, en pulgadas, la genial pesadumbre;
el modo, arriba;
no me busques, la muela del olvido,   5
parecen salir del aire, sumar suspiros mentalmente, oír
claros azotes en sus paladares!

Vanse de su piel, rascándose el sarcófago en que nacen
y suben por su muerte de hora en hora
y caen, a lo largo de su alfabeto gélido, hasta el suelo.   10

¡Ay de tánto! ¡ay de tan poco! ¡ay de ellas!
¡Ay en mi cuarto, oyéndolas con lentes!
¡Ay en mi tórax, cuando compran trajes!
¡Ay de mi mugre blanca, en su hez mancomunada!

¡Amadas sean las orejas sánchez,   15
amadas las personas que se sientan,
amado el desconocido y su señora,
el prójimo con mangas, cuello y ojos!

¡Amado sea[1] aquel que tiene chinches,
el que lleva zapato roto bajo la lluvia,   20
el que vela el cadáver de un pan con dos cerillas,
el que se coge un dedo en una puerta,
el que no tiene cumpleaños,

---

[1] Amado sea: a recurring phrase that parodies the "blessed are" of the Sermon on the Mount (see Matthew 5).

el que perdió su sombra en un incendio,
el animal, el que parece un loro,   25
el que parece un hombre, el pobre rico,
el puro miserable, el pobre pobre!

¡Amado sea
el que tiene hambre o sed, pero no tiene
hambre con qué saciar toda su sed,   30
ni sed con qué saciar todas sus hambres!

¡Amado sea el que trabaja al día, al mes, a la hora,
el que suda de pena o de vergüenza,
aquel que va, por orden de sus manos, al cinema,
el que paga con lo que le falta,   35
el que duerme de espaldas,
el que ya no recuerda su niñez; amado sea
el calvo sin sombrero,
el justo sin espinas,
el ladrón sin rosas,   40
el que lleva reloj y ha visto a Dios,
el que tiene un honor y no fallece!

¡Amado sea el niño, que cae y aún llora
y el hombre que ha caído y ya no llora!

¡Ay de tánto! ¡Ay de tan poco! ¡Ay de ellos!   45

España, aparta de mí este cáliz[1]

III

Solía escribir con su dedo grande en el aire:
"¡Viban[2] los compañeros! Pedro Rojas"[3],
de Miranda de Ebro[4], padre y hombre,
marido y hombre, ferroviario y hombre,
padre y más hombre. Pedro y sus dos muertes.   5

Papel de viento, lo han matado: ¡pasa!
Pluma de carne, lo han matado: ¡pasa!
¡Abisa[5] a todas compañeros pronto!

Palo en el que han colgado su madero,
lo han matado;   10
¡lo han matado al pie de su dedo grande!
¡Han matado, a la vez, a Pedro, a Rojas!

¡Viban los compañeros
a la cabecera de su aire escrito!
¡Viban con esta b del buitre en las entrañas   15
de Pedro
y de Rojas, del héroe y del mártir!

[1] *aparta de mí este cáliz*: "take away this cup from me," Christ's words on the Mount of Olives (see Mark 14:36).
[2] Viban: how Pedro Rojas might spell this word.
[3] Pedro Rojas: symbolizes the Republicans who died during the Spanish Civil War.
[4] Miranda de Ebro: important railroad center located in the province of Burgos.
[5] Abisa: (See footnote 2 above.)

Registrándole, muerto, sorprendiéronle
en su cuerpo un gran cuerpo, para
el alma del mundo,   20
y en la chaqueta una cuchara muerta.

Pedro también solía comer
entre las criaturas de su carne, asear, pintar
la mesa y vivir dulcemente
en representación de todo el mundo.   25
Y esta cuchara anduvo en su chaqueta,
despierto o bien cuando dormía, siempre,
cuchara muerta viva, ella y sus símbolos.
¡Abisa a todos compañeros pronto!
¡Viban los compañeros al pie de esta cuchara para
    siempre!   30

Lo han matado, obligándole a morir
a Pedro, a Rojas, al obrero, al hombre, a aquel
que nació muy niñín[6], mirando al cielo,
y que luego creció, se puso rojo
y luchó con sus células, sus nos, sus todavías, sus hambres,
    sus pedazos.   35

Lo han matado suavemente
entre el cabello de su mujer, la Juana Vázquez,
a la hora del fuego, al año del balazo
y cuando andaba cerca ya de todo.

Pedro Rojas, así, después de muerto,   40
se levantó, besó su catafalco ensangrentado,
lloró por España
y volvió a escribir con el dedo en el aire:
"¡Viban los compañeros! Pedro Rojas".

Su cadáver estaba lleno de mundo.   45

---

[6] niñín: affectionate form of *niño*.

XII: MASA

Al fin de la batalla,
y muerto el combatiente, vino hacia él un hombre
y le dijo: "¡No mueras, te amo tanto!"
Pero el cadáver ¡ay! siguió muriendo.

Se le acercaron dos y repitiéronle: 5
"¡No nos dejes! ¡Valor! ¡Vuelve a la vida!"
Pero el cadáver ¡ay! siguió muriendo.

Acudieron a él veinte, cien, mil, quinientos mil,
clamando: "¡Tanto amor y no poder nada contra la
    muerte!"
Pero el cadáver ¡ay! siguió muriendo.   10

Le rodearon millones de individuos,
con un ruego común: "¡Quédate hermano!"
Pero el cadáver ¡ay! siguió muriendo.

Entonces, todos los hombres de la tierra
le rodearon; les vio el cadáver triste, emocionado;   15
incorporóse lentamente,
abrazó al primer hombre; echóse a andar...

PREGUNTAS

Los heraldos negros
1. ¿En qué versos se encuentra la energía del poema?
2. ¿Puede describir la originalidad del estilo de Vallejo comparándolo con el de los modernistas?

Dios
1. ¿Qué piensa Vallejo de Dios?
2. ¿Cómo introduce el tema amoroso en el poema?

Los pasos lejanos
1. El hijo cree ser la causa de la amargura y la lejanía que hay en el padre, ¿puede explicar el ambiente de soledad en el hogar que Vallejo transmite?
2. ¿Cuál es el significado del final?

Trilce III
1. ¿Cómo sabemos que es un niño el que habla?
2. ¿Cuál es su situación?
3. ¿Puede explicar el sentimiento de orfandad y olvido que siente?

Trilce LXXV
1. ¿A quiénes se dirige el poeta cuando dice, "Estáis muertos"?
2. ¿Qué quiere decir con "Flotáis nadamente"?
3. ¿Qué es la "sonora caja"?
4. ¿Qué semejanza pueden tener los muertos de Vallejo con las almas sin color del Inferno de Dante?

La violencia de las horas
1. ¿Cuál es la violencia de las horas?
2. ¿De dónde son los muertos que recuerda el poeta?
3. ¿Qué evoca Vallejo cuando dice, "Murió Rayo, el perro de mi altura"?
4. ¿Qué significa el verso "Murió mi eternidad y estoy velándola"?

El momento más grave de la vida
1. ¿Cuál hombre es el poeta? ¿Es uno o varios?
2. ¿Puede ser el momento más grave de la vida de alguien ver de perfil a su padre o dormir de día?

Hoy me gusta la vida mucho menos . . .

1. Describa el estado de ánimo del poeta, y a través de qué imágenes lo transmite.
2. ¿Cuál es el sentido de "¡Tánta vida y jamás! / ¡Tántos años y siempre mis semanas!"?
3. ¿Por qué hace una alusión al hospital que queda al lado?

Los nueve monstruos

1. ¿Qué piensa usted del título del poema?
2. ¿A qué velocidad crece el dolor, y qué efectos provoca en los seres y en las cosas?
3. ¿En qué versos se muestra irónico Vallejo?
4. ¿Por qué dice que "el mueble tuvo en su cajón, dolor"?
5. ¿Cómo agarra el dolor a los hombres?
6. ¿Por qué se siente triste al ver al pan, al nabo, a la cebolla, etc.?
7. ¿Cuál es la conclusión del poeta?

Me viene, hay días, una gana ubérrima . . .

1. ¿Cuál es el querer del poeta, y por qué es demostrativo?
2. ¿Por qué dice que es interhumano y parroquial?
3. ¿Es éste un poema cristiano? ¿político?

Considerando en frío, imparcialmente . . .

1. ¿Qué piensa usted de las consideraciones sobre el hombre que hace Vallejo?
2. ¿Por qué dice que es "lóbrego mamífero y se peina," y habla de "su fórmula famélica de masa"?
3. ¿Cuál es el sentimiento de Vallejo hacia el hombre?

Piedra negra sobre una piedra blanca

1. ¿Qué significa el título?
2. ¿Qué relación tiene el título con el contenido del soneto?
3. ¿Cómo juega Vallejo con el tiempo?
4. ¿Qué quiere decir el poeta cuando dice que prosa estos versos?
5. ¿Qué representan los húmeros?
6. ¿Cree usted que cuando el poeta menciona los instrumentos con que le pegaban alude a la flagelación de Cristo?
7. Explique la originalidad estilística del soneto.

Intensidad y altura

1. ¿Cómo expresa el poeta su deseo de escribir y su frustración?

2. ¿En qué verso hay un deseo fallido de gloria?

3. ¿Qué decisión, o desesperación, manifiestan los últimos seis versos?

La rueda del hambriento

1. ¿Cuáles son los efectos del hambre?

2. ¿Tienen estos efectos alguna semejanza con la inversión de posiciones que provoca el dolor en "Los nueve monstruos"?

3. ¿Qué simboliza la piedra?

4. ¿Cuál es el estado de hambre que revela el poeta?

¡Y si después de tántas palabras . . .

1. ¿Qué pasaría a las palabras si no sobrevive la palabra?

2. ¿Qué pesimismo manifiesta Vallejo?

3. ¿Qué cree usted que es la vida?

Traspié entre dos estrellas

1. ¿Cuál es el traspié entre dos estrellas?

2. ¿Cómo expresa Vallejo el colmo de la desgracia en algunas gentes?

3. ¿En qué podría recordar este poema el Sermón de la Montaña de los Evangelios?

4. ¿Qué clase de hombres ama el poeta?

España, aparta de mí este cáliz III

1. ¿Es Pedro Rojas un símbolo del obrero español?

2. ¿Por qué le pondría Vallejo el nombre de Pedro Rojas?

3. ¿Qué representa la cuchara muerta?

4. ¿Qué hacía Pedro Rojas cuando estaba vivo?

5. ¿Qué significa su resurrección?

España, aparta de mí este cáliz XII: Masa

1. ¿Cuál es el poder del amor colectivo?

2. ¿Qué milagro de Cristo nos recuerda el poema?

3. Compare este poema con el anterior.

Pablo Neruda

Pablo neruda is the pseudonym of Ricardo Eliecer Neftalí Reyes, who was born on July 12, 1904 in Parral, Chile. His mother, Rosa Basoalto, died before he was two months old; his father, José del Carmen Reyes, was a railroad worker. His pseudonym is taken from Jan Neruda, a nineteenth-century Czech writer.

Neruda's earliest readings were Buffalo Bill, Emilio Salgari, and Jules Verne. In 1923 he published his first work, *Crepusculario*, at his own expense. The publication in 1924 of *Veinte poemas de amor y una canción desesperada* earned him immediate and widespread fame, and it is still his best-known work.

That same year, Neruda began a career in the Chilean Foreign Service as Consul in Rangoon, Burma, where his official duties, as he explains, were virtually nonexistent: "Assignments arrived once every three months, brought by a ship out of Calcutta engaged in transporting solid paraffin and huge cases of tea to Chile. I had to feverishly stamp and sign documents. Then followed three more months of inactivity, of solitary observation of markets and temples."

During the five years he spent in the Orient, Neruda wrote what many consider to be his best and most important work, *Residencia en la tierra*, published in two parts in 1933 and 1935. Letters written to friends during these years reveal the state of his mind and the moods that dominated him at this time, and also furnish early news of the book. In a letter to González Vera, written in 1928, Neruda says: "I am suffering, I torment myself with hideous discoveries, the weather is burning me up, I curse

my mother and my grandmother, I spend entire days conversing
with my cockatoo, I am buying an elephant on the monthly in-
stallment plan. The days rain down on my head like sticks, I
neither read nor write, am always dressed in white with a cork
helmet, like a real ghost, and my desires are under the influences
of storms and lemonades." The following year he wrote to Héctor
Eandi: "*Residencia en la tierra* is a pile of highly monotonous
poems, almost ritualistic, full of mystery and sorrows, like the
ancient poets used to write." And in another letter: "I've been
writing these poems for almost five years, you can see that there
aren't very many of them, only nineteen, but nevertheless, I think
they achieve the obligatory essence: a style; it seems to me that
each sentence is impregnated with myself, dripping with it."
Further on he offers this definition of the poet: "The poet should
be a superstition, a mystical being." In 1949, he is of another
opinion: "Looking at them now, I feel that the poems in *Resi-
dencia en la tierra* are harmful. . . . The youth of our countries
should not read them. They are poems drenched with terrible
pessimism and anguish. They do not help one to live, but to
die."

After returning to Chile in 1932, Neruda was assigned to
Buenos Aires and then in 1934, to Spain. It was during this pe-
riod that he frequented many Spanish writers of his generation,
among them Manuel Altolaguirre, Luis Cernuda, Miguel Her-
nández, Rafael Alberti, and Federico García Lorca. He became
editor of the magazine *Caballo Verde para la Poesía,* and his
anti-Juan Ramón Jiménez manifesto first appeared in this pub-
lication. Neruda's manifesto, "Sobre una poesía sin pureza," ad-
vocates the writing of "impure poetry, like a suit, like a body,
stained with nutrition and shameful activities, with wrinkles,
observations, dreams, fasts, prophecies, declarations of love and
hate, beasts, jolts, idylls, political beliefs, denials, doubts, affirma-
tions, taxes. . . . He who flees from bad taste turns into ice."

After the outbreak of the Spanish Civil War in July 1936, the
assassination of García Lorca in Granada, and the imprisonment
of Miguel Hernández, Neruda espoused and defended the Re-
publican cause throughout Spain, France, and Chile, organizing
committees and groups of support (notably the Grupo Hispano-

americano de Ayuda a España, formed in Paris with César Va-
llejo, among others); he also founded a magazine, *Los Poetas del
Mundo Defienden al Pueblo Español*. In 1937, his first politically
engaged book was published—*España en el corazón*. Neruda
explained the radical shift in his poetry in a commentary on *Las
furias y las penas* (1939): "The world has changed and my po-
etry has changed. A drop of blood which has fallen on these lines
will remain alive there, as indelible as love."

In June 1940, Neruda was appointed Consul General in Mexico
City, where he spent three years. On his way to Chile in 1943,
he visited Macchu Picchu, the ancient Inca city situated amid
the Peruvian Andes. Two years later he wrote the long poem
"Alturas de Macchu Picchu," incorporated into *Canto general,*
first published in 1950.

Neruda's poetry has been avidly read and discussed during the
past few decades. His lyrical power has earned him the respect
of readers and critics; his work has drawn its inspiration from the
earth itself, flowering in a constant celebration of the natural
world and of the things that surround man (strikingly evident in
Odas elementales). With imagination and inventive language
Neruda has exalted onions and typography, celery and socks,
mountains and cherries, wood and cities. The dual nature of his
poetic activity, intensely personal poems of love contrasting with
paeans extolling the historical and geographical presence of
America, has made Neruda's influence one of the strongest and
most enduring in Latin American poetry.

Neruda was awarded the Nobel Prize for Literature in 1971.

Ángela adónica

Hoy me he tendido junto a una joven pura
como a la orilla de un océano blanco,
como en el centro de una ardiente estrella
    de lento espacio.

De su mirada largamente verde   5
la luz caía como un agua seca,
en transparentes y profundos círculos
    de fresca fuerza.

Su pecho como un fuego de dos llamas
ardía en dos regiones levantado,   10
y en doble río llegaba a sus pies,
    grandes y claros.

Un clima de oro maduraba apenas
las diurnas longitudes de su cuerpo
llenándolo de frutas extendidas   15
    y oculto fuego.

Caballero solo

Los jóvenes homosexuales y las muchachas amorosas,
y las largas viudas que sufren el delirante insomnio,
y las jóvenes señoras preñadas hace treinta horas,
y los roncos gatos que cruzan mi jardín en tinieblas,
como un collar de palpitantes ostras sexuales   5
rodean mi residencia solitaria,
como enemigos establecidos contra mi alma,
como conspiradores en traje de dormitorio
que cambiaran largos besos espesos por consigna.

El radiante verano conduce a los enamorados   10
en uniformes regimientos melancólicos,
hechos de gordas y flacas y alegres y tristes parejas:
bajo los elegantes cocoteros, junto al océano y la luna,
hay una continua vida de pantalones y polleras,
un rumor de medias de seda acariciadas,   15
y senos femeninos que brillan como ojos.
El pequeño empleado, después de mucho,
después del tedio semanal, y las novelas leídas de noche
      en cama,
ha definitivamente seducido a su vecina,
y la lleva a los miserables cinematógrafos   20
donde los héroes son potros o príncipes apasionados,
y acaricia sus piernas llenas de dulce vello
con sus ardientes y húmedas manos que huelen a cigarrillo.

Los atardeceres del seductor y las noches de los esposos
se unen como dos sábanas sepultándome,   25

y las horas después del almuerzo en que los jóvenes
    estudiantes
y las jóvenes estudiantes, y los sacerdotes se masturban,
y los animales fornican directamente,
y las abejas huelen a sangre, y las moscas zumban
    coléricas,
y los primos juegan extrañamente con sus primas,   30
y los médicos miran con furia al marido de la joven
    paciente,
y las horas de la mañana en que el profesor, como por
    descuido,
cumple con su deber conyugal y desayuna,
y más aún, los adúlteros, que se aman con verdadero amor
sobre lechos altos y largos como embarcaciones: 35
seguramente, eternamente me rodea
este gran bosque respiratorio y enredado
con grandes flores como bocas y dentaduras
y negras raíces en forma de uñas y zapatos.

Ritual de mis piernas

Largamente he permanecido mirando mis largas piernas,
con ternura infinita y curiosa, con mi acostumbrada pasión,
como si hubieran sido las piernas de una mujer divina
profundamente sumida en el abismo de mi tórax:
y es que, la verdad, cuando el tiempo, el tiempo pasa,   5
sobre la tierra, sobre el techo, sobre mi impura cabeza,
y pasa, el tiempo pasa, y en mi lecho no siento de noche
        que una mujer está respirando, durmiendo desnuda y
        a mi lado,
entonces, extrañas, oscuras cosas toman el lugar de la
        ausente,
viciosos, melancólicos pensamientos
siembran pesadas posibilidades en mi dormitorio,   10
y así, pues, miro mis piernas como si pertenecieran a otro
        cuerpo,
y fuerte y dulcemente estuvieran pegadas a mis entrañas.

Como tallos o femeninas, adorables cosas,
desde las rodillas suben, cilíndricas y espesas,
con turbado y compacto material de existencia: 15
como brutales, gruesos brazos de diosa,
como árboles monstruosamente vestidos de seres humanos,
como fatales, inmensos labios sedientos y tranquilos,
son allí la mejor parte de mi cuerpo:
lo enteramente substancial, sin complicado contenido   20
de sentidos o tráqueas o intestinos o ganglios:
nada, sino lo puro, lo dulce y espeso de mi propia vida,
nada, sino la forma y el volumen existiendo,
guardando la vida, sin embargo, de una manera completa.

Las gentes cruzan el mundo en la actualidad   25
sin apenas recordar que poseen un cuerpo y en él la vida,
y hay miedo, hay miedo en el mundo de las palabras que
    designan el cuerpo,
y se habla favorablemente de la ropa,
de pantalones es posible hablar, de trajes,
y de ropa interior de mujer (de medias y ligas de
    "señora"),   30
como si por las calles fueran las prendas y los trajes vacíos
    por completo
y un oscuro y obsceno guardarropas ocupara el mundo.

Tienen existencia los trajes, color, forma, designio,
y profundo lugar en nuestros mitos, demasiado lugar,
demasiados muebles y demasiadas habitaciones hay en el
    mundo   35
y mi cuerpo vive entre y bajo tantas cosas abatido,
con un pensamiento fijo de esclavitud y de cadenas.

Bueno, mis rodillas, como nudos,
particulares, funcionarios, evidentes,
separan las mitades de mis piernas en forma seca: 40
y en realidad dos mundos diferentes, dos sexos diferentes
no son tan diferentes como las dos mitades de mis piernas.

Desde la rodilla hasta el pie una forma dura,
mineral, fríamente útil, aparece,
una criatura de hueso y persistencia,   45
y los tobillos no son ya sino el propósito desnudo,
la exactitud y lo necesario dispuestos en definitiva.

Sin sensualidad, cortas y duras, y masculinas,
son allí mis piernas, y dotadas
de grupos musculares como animales complementarios,   50
y allí también una vida, una sólida, sutil, aguda vida
sin temblar permanece, aguardando y actuando.

En mis pies cosquillosos,
y duros como el sol, y abiertos como flores,
y perpetuos, magníficos soldados   55
en la guerra gris del espacio,
todo termina, la vida termina definitivamente en mis pies,
lo extranjero y lo hostil allí comienza:
los nombres del mundo, lo fronterizo y lo remoto,
lo sustantivo y lo adjetivo que no caben en mi corazón   60
con densa y fría constancia allí se originan.

Siempre,
productos manufacturados, medias, zapatos,
o simplemente aire infinito,
habrá entre mis pies y la tierra   65
extremando lo aislado y lo solitario de mi ser,
algo tenazmente supuesto entre mi vida y la tierra,
algo abiertamente invencible y enemigo.

El fantasma del buque de carga[1]

Distancia refugiada sobre tubos de espuma,
sal en rituales olas y órdenes definidos,
y un olor y rumor de buque viejo,
y fatigadas máquinas que aúllan y lloran
empujando la proa, pateando los costados,   5
mascando lamentos, tragando y tragando distancias,
haciendo un ruido de agrias aguas sobre las agrias aguas,
moviendo el viejo buque sobre las viejas aguas.

Bodegas interiores, túneles crepusculares
que el día intermitente de los puertos visita: 10
sacos, sacos que un dios sombrío ha acumulado
como animales grises, redondos y sin ojos,
con dulces orejas grises,
y vientres estimables llenos de trigo o copra,
sensitivas barrigas de mujeres encintas,   15
pobremente vestidas de gris, pacientemente
esperando en la sombra de un doloroso cine.

Las aguas exteriores de repente
se oyen pasar, corriendo como un caballo opaco,
con un ruido de pies de caballo en el agua,   20
rápidas, sumergiéndose otra vez en las aguas.
Nada más hay entonces que el tiempo en las cabinas:
el tiempo en el desventurado comedor solitario,
inmóvil y visible como una gran desgracia.

[1] *El fantasma del buque de carga:* In 1933, after several years of living in
the Orient, Neruda sailed home to Chile aboard a freighter. The experiences
of that two-month voyage provide the framework for this poem.

Olor de cuero y tela densamente gastados,   25
y cebollas, y aceite, y aún más,
olor de alguien flotando en los rincones del buque,
olor de alguien sin nombre
que baja como una ola de aire las escalas,
y cruza corredores con su cuerpo ausente,   30
y observa con sus ojos que la muerte preserva.

Observa con sus ojos sin color, sin mirada,
lento, y pasa temblando, sin presencia ni sombra:
los sonidos lo arrugan, las cosas lo traspasan,
su transparencia hace brillar las sillas sucias.   35
Quién es ese fantasma sin cuerpo de fantasma,
con sus pasos livianos como harina nocturna
y su voz que sólo las cosas patrocinan?

Los muebles viajan llenos de su ser silencioso
como pequeños barcos dentro del viejo barco,   40
cargados de su ser desvanecido y vago:
los roperos, las verdes carpetas de las mesas,
el color de las cortinas y del suelo,
todo ha sufrido el lento vacío de sus manos,
y su respiración ha gastado las cosas.   45

Se desliza y resbala, desciende, transparente,
aire con el aire frío que corre sobre el buque,
con sus manos ocultas se apoya en las barandas
y mira el mar amargo que huye detrás del buque.
Solamente las aguas rechazan su influencia,   50
su color y su olor de olvidado fantasma,
y frescas y profundas desarrollan su baile
como vidas de fuego, como sangre o perfume,
nuevas y fuertes surgen, unidas y reunidas.

Sin gastarse las aguas, sin costumbre ni tiempo,   55
verdes de cantidad, eficaces y frías,
tocan el negro estómago del buque y su materia
lavan, sus costras rotas, sus arrugas de hierro:

roen las aguas vivas la cáscara del buque,
traficando sus largas banderas de espuma   60
y sus dientes de sal volando en gotas.

Mira el mar el fantasma con su rostro sin ojos:
el círculo del día, la tos del buque, un pájaro
en la ecuación redonda y sola del espacio,
y desciende de nuevo a la vida del buque   65
cayendo sobre el tiempo muerto y la madera,
resbalando en las negras cocinas y cabinas,
lento de aire y atmósfera y desolado espacio.

Tango del viudo[1]

Oh Maligna, ya habrás hallado la carta, ya habrás llorado
    de furia,
y habrás insultado el recuerdo de mi madre
llamándola perra podrida y madre de perros,
ya habrás bebido sola, solitaria, el té del atardecer
mirando mis viejos zapatos vacíos para siempre,   5
y ya no podrás recordar mis enfermedades, mis sueños
    nocturnos, mis comidas,

[1] *Tango del viudo:* Neruda has written of the relationship that inspired
this poem: "She dressed like an Englishwoman and her name in public was
Josie Bliss, but in the intimacy of her home, which I was soon to share,
she cast off those clothes and that name in favor of her dazzling *sarong* and
Burmese name. . . . I had problems in my private life. Sweet Josie
Bliss began to concentrate on becoming impassioned, until she got sick with
jealousy. Perhaps I might have stayed with her forever. I felt tenderness
for her naked feet, the white flowers shining against her dark mane, but
her temperament brought her to a savage paroxysm. For no reason at all
she was jealous of and hated the letters I received from far away, the
telegrams, which she hid, the very air I breathed.
"Sometimes the light would wake me at night and I thought I saw a
ghost behind the mosquito netting. It was she, scantily clad in white,
brandishing her long native knife, sharp as a razor blade, pacing for hours
around my bed, unable to make up her mind to kill me. This would put an
end to her fears. The following day she prepared some curious rites to
assure my fidelity.
"Luckily, I received an official message announcing my transfer to Ceylon.
I readied my trip in secret and one day, leaving my clothing and books
behind, I walked out of the house as always and boarded the ship which
would take me far away.
"I left Josie, a kind of Burmese panther, with the greatest sorrow. Scarcely
had the ship begun to shudder in the waves of the Gulf of Bengal, than I
began to write my poem 'Tango del viudo,' a tragic piece of my poetry
dedicated to the woman I lost, and who had lost me, because a volcano of
wrath crackled incessantly in her passionate blood." Neruda, as quoted in
E. Rodríguez Monegal, *El viajero inmóvil* (Buenos Aires: Losada, 1966),
p. 70.

sin maldecirme en voz alta como si estuviera allí aún
quejándome del trópico, de los *coolíes corringhis,*
de las venenosas fiebres que me hicieron tanto daño
y de los espantosos ingleses que odio todavía.   10

Maligna, la verdad, qué noche tan grande, qué tierra tan
     sola!
He llegado otra vez a los dormitorios solitarios,
a almorzar en los restaurantes comida fría, y otra vez
tiro al suelo los pantalones y las camisas,
no hay perchas en mi habitación, ni retratos de nadie en
     las paredes.   15
Cuánta sombra de la que hay en mi alma daría por
     recobrarte,
y qué amenazadores me parecen los nombres de los meses,
y la palabra invierno qué sonido de tambor lúgubre tiene.

Enterrado junto al cocotero hallarás más tarde
el cuchillo que escondí allí por temor de que me mataras,   20
y ahora repentinamente quisiera oler su acero de cocina
acostumbrado al peso de tu mano y al brillo de tu pie:
bajo la humedad de la tierra, entre las sordas raíces,
de los lenguajes humanos el pobre sólo sabría tu nombre,
y la espesa tierra no comprende tu nombre   25
hecho de impenetrables substancias divinas.

Así como me aflige pensar en el claro día de tus piernas
recostadas como detenidas y duras aguas solares,
y la golondrina que durmiendo y volando vive en tus ojos,
y el perro de furia que asilas en el corazón,   30
así también veo las muertes que están entre nosotros
     desde ahora,
y respiro en el aire la ceniza y lo destruido,
Daría este viento de mar gigante por tu brusca respiración
el largo, solitario espacio que me rodea para siempre.

Daría este viento de mar gigante por tu brusca respiración
oída en largas noches sin mezcla de olvido,   35

uniéndose a la atmósfera como el látigo a la piel del
    caballo.
Y por oírte orinar, en la oscuridad, en el fondo de la casa,
como vertiendo una miel delgada, trémula, argentina,
    obstinada,
cuántas veces entregaría este coro de sombras que poseo,
y el ruido de espadas inútiles que se oye en mi alma,   40
y la paloma de sangre que está solitaria en mi frente
llamando cosas desaparecidas, seres desaparecidos,
substancias extrañamente inseparables y perdidas.

Sólo la muerte

Hay cementerios solos,
tumbas llenas de huesos sin sonido,
el corazón pasando un túnel
oscuro, oscuro, oscuro,
como un naufragio hacia adentro nos morimos,   5
como ahogarnos en el corazón,
como irnos cayendo desde la piel al alma.

Hay cadáveres,
hay pies de pegajosa losa fría,
hay la muerte en los huesos,   10
como un sonido puro,
como un ladrido sin perro,
saliendo de ciertas campanas, de ciertas tumbas,
creciendo en la humedad como el llanto o la lluvia.

Yo veo, solo, a veces,   15
ataúdes a vela
zarpar con difuntos pálidos, con mujeres de trenzas
    muertas,
con panaderos blancos como ángeles,
con niñas pensativas casadas con notarios,
ataúdes subiendo el río vertical de los muertos,   20
el río morado,
hacia arriba, con las velas hinchadas por el sonido de la
    muerte,
hinchadas por el sonido silencioso de la muerte.

A lo sonoro llega la muerte
como un zapato sin pie, como un traje sin hombre,   25
llega a golpear con un anillo sin piedras y sin dedo,
llega a gritar sin boca, sin lengua, sin garganta.

Sin embargo sus pasos suenan
y su vestido suena, callado como un árbol.

Yo no sé, yo conozco poco, yo apenas veo,   30
pero creo que su canto tiene color de violetas húmedas,
de violetas acostumbradas a la tierra,
porque la cara de la muerte es verde,
y la mirada de la muerte es verde,
con la aguda humedad de una hoja de violeta   35
y su grave color de invierno exasperado.

Pero la muerte va también por el mundo vestida de
        escoba,
lame el suelo buscando difuntos;
la muerte está en la escoba,
es la lengua de la muerte buscando muertos,   40
es la aguja de la muerte buscando hilo.

La muerte está en los catres:
en los colchones lentos, en las frazadas negras
vive tendida, y de repente sopla:
sopla un sonido oscuro que hincha sábanas,   45
y hay camas navegando a un puerto
en donde está esperando, vestida de almirante.

Walking Around

Sucede que me canso de ser hombre.
Sucede que entro en las sastrerías y en los cines
marchito, impenetrable, como un cisne de fieltro
navegando en un agua de origen y ceniza.

El olor de las peluquerías me hace llorar a gritos.   5
Sólo quiero un descanso de piedras o de lana,
sólo quiero no ver establecimientos ni jardines,
ni mercaderías, ni anteojos, ni ascensores.

Sucede que me canso de mis pies y mis uñas
y mi pelo y mi sombra.   10
Sucede que me canso de ser hombre.

Sin embargo sería delicioso
asustar a un notario con un lirio cortado
o dar muerte a una monja con un golpe de oreja.
Sería bello   15
ir por las calles con un cuchillo verde
y dando gritos hasta morir de frío.

No quiero seguir siendo raíz en las tinieblas,
vacilante, extendido, tiritando de sueño,
hacia abajo, en las tripas mojadas de la tierra,   20
absorbiendo y pensando, comiendo cada día.

No quiero para mí tantas desgracias.
No quiero continuar de raíz y de tumba,
de subterráneo solo, de bodega con muertos,
aterido, muriéndome de pena.   25

Por eso el día lunes arde como el petróleo
cuando me ve llegar con mi cara de cárcel,
y aúlla en su transcurso como una rueda herida,
y da pasos de sangre caliente hacia la noche.

Y me empuja a ciertos rincones, a ciertas casas húmedas,   30
a hospitales donde los huesos salen por la ventana,
a ciertas zapaterías con olor a vinagre,
a calles espantosas como grietas.

Hay pájaros de color de azufre y horribles intestinos
colgando de las puertas de las casas que odio,   35
hay dentaduras olvidadas en una cafetera,
hay espejos
que debieran haber llorado de vergüenza y espanto,
hay paraguas en todas partes, y venenos, y ombligos.

Yo paseo con calma, con ojos, con zapatos,   40
con furia, con olvido,
paso, cruzo oficinas y tiendas de ortopedia,
y patios donde hay ropas colgadas de un alambre:
calzoncillos, toallas y camisas que lloran
lentas lágrimas sucias.   45

Alberto Rojas Jiménez
viene volando[1]

Entre plumas que asustan, entre noches,
entre magnolias, entre telegramas,
entre el viento del Sur y el Oeste marino,
    vienes volando.

Bajo las tumbas, bajo las cenizas,   5
bajo los caracoles congelados,
bajo las últimas aguas terrestres,
    vienes volando.

Más abajo, entre niñas sumergidas,
y plantas ciegas, y pescados rotos,   10
más abajo, entre nubes otra vez,
    vienes volando.

Más allá de la sangre y de los huesos,
más allá del pan, más allá del vino,
más allá del fuego,   15
    vienes volando.

Más allá del vinagre y de la muerte,
entre putrefacciones y violetas,
con tu celeste voz y tus zapatos húmedos,
    vienes volando.   20

---

[1] *Alberto Rojas Jiménez viene volando:* In 1934, Neruda received a
telegram in Barcelona announcing the death by drowning of his old friend
Alberto Rojas Jiménez.

Sobre diputaciones y farmacias,
y ruedas, y abogados, y navíos,
y dientes rojos recién arrancados,
vienes volando.

Sobre ciudades de tejado hundido   25
en que grandes mujeres se destrenzan
con anchas manos y peines perdidos,
vienes volando.

Junto a bodegas donde el vino crece
con tibias manos turbias, en silencio,   30
con lentas manos de madera roja,
vienes volando.

Entre aviadores desaparecidos,
al lado de canales y de sombras,
al lado de azucenas enterradas,   35
vienes volando.

Entre botellas de color amargo,
entre anillos de anís y desventura,
levantando las manos y llorando,
vienes volando.   40

Sobre dentistas y congregaciones,
sobre cines, y túneles y orejas,
con traje nuevo y ojos extinguidos,
vienes volando.

Sobre tu cementerio sin paredes   45
donde los marineros se extravían,
mientras la lluvia de tu muerte cae,
vienes volando.

Mientras la lluvia de tus dedos cae,
mientras la lluvia de tus huesos cae,   50
mientras tu médula y tu risa caen,
vienes volando.

Sobre las piedras en que te derrites,
corriendo, invierno abajo, tiempo abajo,
mientras tu corazón desciende en gotas,   55
      vienes volando.

No estás allí, rodeado de cemento,
y negros corazones de notarios,
y enfurecidos huesos de jinetes:
      vienes volando.   60

Oh amapola marina, oh deudo mío,
oh guitarrero vestido de abejas,
no es verdad tanta sombra en tus cabellos:
      vienes volando.

No es verdad tanta sombra persiguiéndote,   65
no es verdad tantas golondrinas muertas,
tanta región oscura con lamentos:
      vienes volando.

El viento negro de Valparaíso
abre sus alas de carbón y espuma   70
para barrer el cielo donde pasas:
      vienes volando.

Hay vapores, y un frío de mar muerto,
y silbatos, y meses, y un olor
de mañana lloviendo y peces sucios: 75
      vienes volando.

Hay ron, tú y yo, y mi alma donde lloro,
y nadie, y nada, sino una escalera
de peldaños quebrados, y un paraguas:
      vienes volando.   80

Allí está el mar. Bajo de noche y te oigo
venir volando bajo el mar sin nadie,
bajo el mar que me habita, oscurecido:
      vienes volando.

Oigo tus alas y tu lento vuelo,   85
y el agua de los muertos me golpea
como palomas ciegas y mojadas:
         vienes volando.

Vienes volando, solo, solitario,
solo entre muertos, para siempre solo,   90
vienes volando sin sombra y sin nombre,
sin azúcar, sin boca, sin rosales,
         vienes volando.

Apogeo del apio[1]

Del centro puro que los ruidos nunca
atravesaron, de la intacta cera,
salen claros relámpagos lineales,
palomas con destino de volutas,
hacia tardías calles con olor   5
a sombra y a pescado.
Son las venas del apio! Son la espuma, la risa,
los sombreros del apio!

Son los signos del apio, su sabor
de luciérnaga, sus mapas   10
de color inundado,
y cae su cabeza de ángel verde,
y sus delgados rizos se acongojan,
y entran los pies del apio en los mercados
de la mañana herida, entre sollozos,   15
y se cierran las puertas a su paso,
y los dulces caballos se arrodillan.

Sus pies cortados van, sus ojos verdes
van derramados, para siempre hundidos
en ellos los secretos y las gotas: 20
los túneles del mar de donde emergen,
las escaleras que el apio aconseja,
las desdichadas sombras sumergidas,

---

[1] *Apogeo del apio:* The poem "Apogeo del apio" together with "Entrada
a la madera" and "Estatuto del vino," make up the "Tres cantos materiales"
in *Residencia en la tierra.* These poems, written in the 1930s, prefigure
the *Odas elementales* of 1954.

las determinaciones en el centro del aire,
los besos en el fondo de las piedras.   25

A medianoche con manos mojadas,
alguien golpea mi puerta en la niebla,
y oigo la voz del apio, voz profunda,
áspera voz de viento encarcelado,
se queja herido de aguas y raíces,   30
hunde en mi cama sus amargos rayos,
y sus desordenadas tijeras me pegan en el pecho
buscándome la boca del corazón ahogado.

Qué quieres, huésped de corsé quebradizo,
en mis habitaciones funerales?   35
Qué ámbito destrozado te rodea?
Fibras de oscuridad y luz llorando,
ribetes ciegos, energías crespas,
río de vida y hebras esenciales,
verdes ramas de sol acariciado,   40
aquí estoy, en la noche, escuchando secretos,
desvelos, soledades,
y entráis, en medio de la niebla hundida,
hasta crecer en mí, hasta comunicarme
la luz oscura y la rosa de la tierra.   45

Alturas de Macchu Picchu[1]

III

El ser como el maíz se desgranaba en el inacabable
granero de los hechos perdidos, de los acontecimientos
miserables, del uno al siete, al ocho,
y no una muerte, sino muchas muertes llegaban a cada
    uno:
cada día una muerte pequeña, polvo, gusano, lámpara   5
que se apaga en el lodo del suburbio, una pequeña muerte
    de alas gruesas
entraba en cada hombre como una corta lanza
y era el hombre asediado del pan o del cuchillo,
el ganadero: el hijo de los puertos, o el capitán oscuro del
    arado,
o el roedor de las calles espesas: 10

todos desfallecieron esperando su muerte, su corta
    muerte diaria:
y su quebranto aciago de cada día era
como una copa negra que bebían temblando.

---

[1] *Alturas de Macchu Picchu:* Macchu Picchu is the ancient Inca city in the Andes whose terraces straddle two high peaks to form a spectacular complex of architecture and nature. César Vallejo has written of Macchu Picchu that "earth and sky seem to have allied themselves with the dreams of men to sculpt a true city of God on the immensity of the heights."

VI

Entonces en la escala de la tierra he subido
entre la atroz maraña de las selvas perdidas
hasta ti, Macchu Picchu.

Alta ciudad de piedras escalares,
por fin morada del que lo terrestre   5
no escondió en las dormidas vestiduras.
En ti, como dos líneas paralelas,
la cuna del relámpago y del hombre
se mecían en un viento de espinas.

Madre de piedra, espuma de los cóndores.   10

Alto arrecife de la aurora humana.

Pala perdida en la primera arena.

Esta fué la morada, éste es el sitio:
aquí los anchos granos del maíz ascendieron
y bajaron de nuevo como granizo rojo.   15

Aquí la hebra dorada salió de la vicuña
a vestir los amores, los túmulos, las madres,
el rey, las oraciones, los guerreros.

Aquí los pies del hombre descansaron de noche
junto a los pies del águila, en las altas guaridas   20
carniceras, y en la aurora
pisaron con los pies del trueno la niebla enrarecida,
y tocaron las tierras y las piedras
hasta reconocerlas en la noche o la muerte.

Miro las vestiduras y las manos,   25
el vestigio del agua en la oquedad sonora,
la pared suavizada por el tacto de un rostro
que miró con mis ojos las lámparas terrestres,
que aceitó con mis manos las desaparecidas
maderas: porque todo, ropaje, piel, vasijas,   30
palabras, vino, panes,
se fué, cayó a la tierra.

Y el aire entró con dedos
de azahar sobre todos los dormidos:
mil años de aire, meses, semanas de aire,   35
de viento azul, de cordillera férrea,
que fueron como suaves huracanes de pasos
lustrando el solitario recinto de la piedra.

Pido silencio

Ahora me dejen tranquilo.
Ahora se acostumbren sin mí.

Yo voy a cerrar los ojos.

Y sólo quiero cinco cosas,
cinco raíces preferidas.   5

Una es el amor sin fin.

Lo segundo es ver el otoño.
No puedo ser sin que las hojas
Vuelen y vuelvan a la tierra.

Lo tercero es el grave invierno,   10
la lluvia que amé, la caricia
del fuego en el frío silvestre.

En cuarto lugar el verano
redondo como una sandía.

La quinta cosa son tus ojos.   15
Matilde[1] mía, bienamada,
no quiero dormir sin tus ojos,
no quiero ser sin que me mires:
yo cambio la primavera
por que tú me sigas mirando.   20

[1] Matilde: Neruda's wife.

Amigos, eso es cuanto quiero.
Es casi nada y casi todo.

Ahora si quieren se vayan.

He vivido tanto que un día
tendrán que olvidarme por fuerza,   25
borrándome de la pizarra:
mi corazón fue interminable.

Pero porque pido silencio
no crean que voy a morirme:
me pasa todo lo contrario: 30
sucede que voy a vivirme².

Sucede que soy y que sigo.

No será pues sino que adentro
de mí crecerán cereales,
primero los granos que rompen   35
la tierra para ver la luz,
pero la madre tierra es oscura:
y dentro de mí soy oscuro:
soy como un pozo en cuyas aguas
la noche deja sus estrellas   40
y sigue sola por el campo.

Se trata de que tanto he vivido
que quiero vivir otro tanto.

Nunca me sentí tan sonoro,
nunca he tenido tantos besos.   45

Ahora, como siempre, es temprano.
Vuela la luz con sus abejas.

Déjenme solo con el día.
Pido permiso para nacer.

---

² vivirme: The poet gives the reflexive form to the verb *vivir* in order to
contrast with *morirme*.

Oda a las cosas rotas

Se van rompiendo cosas
en la casa
como empujadas por un invisible
quebrador voluntario:
no son las manos mías,   5
ni las tuyas,
no fueron las muchachas
de uña dura
y pasos de planeta:
no fue nada y nadie,   10
no fue el viento,
no fue el anaranjado mediodía,
ni la noche terrestre,
no fue ni la nariz ni el codo,
la creciente cadera,   15
el tobillo,
ni el aire:
se quebró el plato, se cayó la lámpara
se derrumbaron todos los floreros
uno por uno, aquel   20
en pleno octubre
colmado de escarlata,
fatigado por todas las violetas,
y otro vacío
rodó, rodó, rodó   25
por el invierno
hasta ser sólo harina
de florero,
recuerdo roto, polvo luminoso.

Y aquel reloj   30
cuyo sonido
era
la voz de nuestras vidas,
el secreto
hilo   35
de las semanas,
que una a una
ataba tantas horas
a la miel, al silencio,
a tantos nacimientos y trabajos,   40
aquel reloj también
cayó y vibraron
entre los vidrios rotos
sus delicadas vísceras azules,
su largo corazón   45
desenrollado.

La vida va moliendo
vidrios, gastando ropas,
haciendo añicos,
triturando   50
formas,
y lo que dura con el tiempo es como
isla o nave en el mar,
perecedero,
rodeado por los frágiles peligros,   55
por implacables aguas y amenazas.

Pongamos todo de una vez, relojes,
platos, copas talladas por el frío,
en un saco y llevemos
al mar nuestros tesoros: 60
que se derrumben nuestras posesiones
en un solo alarmante quebradero,
que suene como un río
lo que se quiebra
y que el mar reconstruya   65

con su largo trabajo de mareas
tantas cosas inútiles
que nadie rompe
pero se rompieron.

PREGUNTAS

Ángela adónica

1. ¿Qué significa el título?
2. ¿Con qué imágenes describe el poeta el cuerpo de la joven?

Caballero solo

1. Explique la soledad del caballero solo junto al movimiento sexual que lo rodea.
2. ¿Es el poema erótico? ¿sicológico?
3. ¿Sintetizan los últimos cuatro versos el contenido del poema?

Ritual de mis piernas

1. ¿Por qué se dice que este poema es whitmaniano?
2. ¿Qué descubre Neruda al observar sus piernas?
3. ¿Por qué son sus piernas lo sustancial? ¿lo puro?
4. ¿Cómo cruzan las gentes el mundo en la actualidad, y qué existencia tienen los trajes en nuestros mitos?
5. ¿Es narcisista el poeta?

El fantasma del buque de carga

1. ¿Cómo es el fantasma del buque? ¿Es una persona, el tiempo, lo viejo de las cosas?
2. En la primera estrofa, ¿cómo ve Neruda el buque de carga?
3. ¿Cómo lo ve en la segunda estrofa?
4. ¿Cómo aparece el fantasma en el buque, y qué lo patrocina?
5. ¿Cuál es el estado de ánimo del pasajero?
6. ¿Cómo son las aguas?
7. ¿Qué relación tiene el fantasma de este poema con las historias legendarias de fantasmas en viejos barcos?

Tango del viudo

1. ¿Cuál es la relación entre la anécdota de Josie Bliss y el poema?
2. ¿Por qué el título "Tango del viudo"?
3. ¿Cómo revela el poeta el carácter de Josie Bliss?
4. ¿Cuáles rasgos animales da Neruda a las acciones de ella?
5. ¿Cómo describe su retorno a la soltería?
6. ¿Cómo evoca la vida cotidiana junto a ella?
7. ¿Es éste un poema confesional?

Sólo la muerte

1. ¿Por qué es la muerte como un naufragio hacia adentro, o como una caída de la piel al alma?
2. ¿Por qué los ataúdes suben el río vertical de los muertos?
3. ¿Por qué río morado?
4. ¿Por qué tiene el canto el color de violetas?
5. ¿Qué significa la muerte vestida de almirante?

Walking Around

1. ¿De qué cosas dice Neruda estar cansado? ¿Son éstas de por sí monótonas, o es el estado de ánimo del poeta?
2. ¿Qué quiere decir cuando escribe, que no quiere continuar de raíz y de tumba, de subterráneo solo, de bodega con muertos?
3. ¿Hay algunos versos de inspiración surrealista?
4. ¿Corresponde el título al contenido del poema?
5. ¿Cuál es el sentimiento general del poema?

Alberto Rojas Jiménez viene volando

1. ¿Por qué Alberto Rojas Jiménez viene volando?
2. ¿Con qué imágenes el poeta expresa la muerte de su amigo?
3. ¿Por qué Neruda le habla a su amigo ahogado de "tu cementerio sin paredes"?
4. Indique los versos donde el poeta alude a una amistad de juventud con el muerto.
5. ¿Puede comparar este poema con "El llanto por la muerte de Ignacio Sánchez Mejías" de Federico García Lorca?

Apogeo del apio

1. ¿Cómo describe Neruda la naturaleza del apio? ¿Corresponde su descripción al apio verdadero?
2. ¿Qué imágenes usa el poeta para describir su forma, su color, su sonido?
3. ¿Qué importancia tiene este poema para un libro posterior de Neruda?

Alturas de Macchu Picchu

1. ¿Qué sabe usted de Macchu Picchu?
2. ¿Asocia usted la ciudad con el poema?
3. ¿De qué manera expresa Neruda la rutina del hombre moderno de las ciudades?
4. ¿Qué significa para el poeta su ascenso a Macchu Picchu?
5. ¿Es éste un poema político?

Pido silencio

1. ¿Cuáles son las cinco cosas que quiere el poeta?
2. ¿Por qué se compara a sí mismo con un pozo?
3. ¿Por qué pide silencio y permiso para nacer?

Oda a las cosas rotas

1. ¿Quién rompe las cosas? ¿Cómo se rompen?
2. Cuando Neruda recuerda el reloj de la casa, ¿qué relación íntima evoca con su caída?
3. ¿Cómo ve el poeta lo que dura en el tiempo?
4. ¿Qué propone Neruda en la última estrofa del poema?

Jorge Luis Borges

BORN INTO AN intellectual middle-class family in Buenos Aires on March 24, 1899, Jorge Luis Borges began his study of the English language at an early age. Due to the early guidance of his paternal grandmother, Frances Haslam, and the extensive library of English literature made available by his father, Borges discovered such works as Sir Richard Burton's *The Arabian Nights' Entertainments* and the novels and tales of Rudyard Kipling, Robert Louis Stevenson, and H. G. Wells.

While touring Europe in 1914, the Borges family was forced to seek refuge in Switzerland following the sudden outbreak of the First World War. It was during this time in Geneva that Borges began to write poetry; there he learned French and German and first read the poetry of Walt Whitman and the philosophy of Arthur Schopenhauer.

When the Borges family moved to Spain in 1919, the twenty-year-old poet joined the avant-garde movements in Seville and Madrid; he shared the concern of his contemporaries with the denial of tradition. Following this three-year period in which his work appeared in such magazines as *Grecia, Cosmópolis,* and *Ultra,* Borges returned home to his native Argentina.

Soon after his arrival in Buenos Aires in 1921, Borges and several of his friends founded *Prisma,* a poster-magazine, which served as a springboard for the ultraist proclamation: "We have synthesized poetry into its primordial element: the metaphor, to which we concede the maximum degree of independence, surpassing the trivial games of those who compare things of similar shape, matching a circus with the moon. Every line of our poems has its own life and represents an untried vision. Thus, ultraism tends towards the creation of an emotional and variable mythology."

Emir Rodríquez Monegal, the Uruguayan critic, has pointed out that the principal preoccupation of Borges' ultraism was nearly always the same one, as illustrated in his *Fervor de Buenos Aires* (1923), in which he attempted to create a mythology of his native city, complete with its streets, houses, and inhabitants.

In 1938, the year his father died, Borges was appointed to an assistantship in a branch of the Buenos Aires Public Library. On Christmas Eve of the same year, he suffered the terrible accident that almost blinded him. Failing to notice an open casement window, while climbing a poorly lighted staircase, Borges struck his head. After three delirious, feverish weeks, filled with horrible visions—to which he alludes in his story "El Sur"—he began to write "Pierre Menard, autor del Quijote." It was only by writing this story that Borges was able to reassure himself that the accident had not affected his mind.

El jardín de senderos que se bifurcan, Borges' first collection of short stories—later to be included in *Ficciones* (1944)—was published in 1941. In 1946 Borges was peremptorily fired from his library position for signing petitions against the reigning Argentinian dictator, Juan Domingo Perón, and he was appointed inspector of poultry and rabbits in the public markets. Three years later he published *El aleph,* which, along with *Ficciones* and *El hacedor,* contain the most representative examples of his prose.

Borges has explained that the loss of his sight brought about a resurgence of poetic activity, as his blindness prevented him from writing short stories. Since he could not see what he was writing, he was unable to visually encompass a work of that length. This in turn led him to write brief prose pieces (such as those in *El hacedor*) or rhymed and metered poems, which were easier to remember, think about, and correct. However, this brevity born of necessity has been overcome in his most recent book, *El informe de Brodie* (1970).

Borges' poems are full of images of mirrors, radiance, and the quality of light in varying tonalities. This preoccupation stems from the years when he began to lose his sight, as if his perception of luminosity had increased in direct proportion to the gradual dimming of his eyes. There is evidence of such a coming to terms with blindness in his latest collection of poems, *Elogio de la sombra* (1969).

Borges' works can be loosely divided into three genres: poetry, the short story, and the essay. The same themes recur in each—Oedipus and the labyrinth, mirrors and rivers, tigers and knives, the Kabbalah and time, the universe and the chessboard; all enliven pages written with consistent, lucid mastery.

In 1961, Borges shared with Samuel Beckett the Formentor Prize, awarded by an international jury of publishers. Two years later, after spending a semester as visiting professor at the University of Texas, Borges gave a series of readings and lectures in England, France, Spain, and Switzerland. In 1967, he held the Charles Eliot Norton Chair of Poetry at Harvard. At present, Borges is living in Buenos Aires where he is collaborating on the translation into English of his complete works.

The epigraph to his anthology *Obra poética* contains a clue to Borges' defintion of himself as a writer: "I do not set myself up to be a poet. Only an all-round literary man: a man who talks, not one who sings. . . . Excuse this apology; but I don't like to come before people who have a note of song, and let it be supposed I do not know the difference." [1]

---

[1] *The Letters of Robert Louis Stevenson*, II, 77 (London, 1899).

Manuscrito hallado en un libro de Joseph Conrad [1]

En las trémulas tierras que exhalan el verano,
El día es invisible de puro blanco. El día
Es una estría cruel en una celosía,
Un fulgor en las costas y una fiebre en el llano.

Pero la antigua noche es honda como un jarro   5
De agua cóncava. El agua
Se abre a infinitas huellas,
Y en ociosas canoas, de cara a las estrellas,
El hombre mide el vago tiempo con el cigarro.

El humo desdibuja gris las constelaciones   10
Remotas. Lo inmediato pierde prehistoria y nombre.
El mundo es unas cuantas tiernas imprecisiones.
El río, el primer río. El hombre, el primer hombre.

---

[1] *Joseph Conrad:* Teodor Jósef Konrad Korzeniowski (1857–1924), Polish-born novelist who spent sixteen years of his life as a seaman in the British Merchant Marine. Many of his novels and tales, among them *Lord Jim, Nostromo, Victory,* and *Heart of Darkness,* are set in the South Seas and on the African mainland.

Un soldado de Urbina[1]

Sospechándose indigno de otra hazaña
Como aquella en el mar, este soldado,
A sórdidos oficios resignado,
Erraba oscuro por su dura España.

Para borrar o mitigar la saña   5
De lo real, buscaba lo soñado
Y le dieron un mágico pasado
Los ciclos de Rolando y de Bretaña[2].

Contemplaría, hundido el sol, el ancho
Campo en que dura un resplandor de cobre;   10
Se creía acabado, solo y pobre,

Sin saber de qué música era dueño;
Atravesando el fondo de algún sueño,
Por él ya andaban don Quijote y Sancho[3].

---

[1] *Un soldado de Urbina:* Miguel de Cervantes Saavedra (1547–1616),
served on board the *Marquesa* under Captain Diego de Urbina, and lost
his left arm during the Battle of Lepanto, on October 7, 1571.

[2] ciclos . . . Bretaña: the literature based on the exploits of Roland,
the most illustrious of Charlemagne's knights, and on the numerous medieval
literary works about the *matière de Bretagne,* legends rooted in the Celtic
tales celebrating King Arthur and his knights of the Round Table.

[3] don . . . Sancho: Don Quijote and Sancho Panza are the principal
characters in Cervantes' novel, *Don Quijote de la Mancha.* The novel was
published in two separate parts: Part I in 1605, and Part II in 1615,
shortly before the author's death.

Límites

De estas calles que ahondan el poniente,
Una habrá (no sé cuál) que he recorrido
Ya por última vez, indiferente
Y sin adivinarlo, sometido

A Quién prefija omnipotentes normas   5
Y una secreta y rígida medida
A las sombras, los sueños y las formas
Que destejen y tejen esta vida.

Si para todo hay término y hay tasa
Y última vez y nunca más y olvido   10
¿Quién nos dirá de quién, en esta casa
Sin saberlo, nos hemos despedido?

Tras el cristal ya gris la noche cesa
Y del alto de libros que una trunca
Sombra dilata por la vaga mesa,   15
Alguno habrá que no leeremos nunca.

Hay en el Sur más de un portón gastado
Con sus jarrones de mampostería
Y tunas, que a mi paso está vedado
Como si fuera una litografía.   20

Para siempre cerraste alguna puerta
Y hay un espejo que te aguarda en vano;

La encrucijada te parece abierta
Y la vigila, cuadrifronte, Jano[1].

Hay, entre todas tus memorias, una   25
Que se ha perdido irreparablemente;
No te verán bajar a aquella fuente
Ni el blanco sol ni la amarilla luna.

No volverá tu voz a lo que el persa[2]
Dijo en su lengua de aves y de rosas,   30
Cuando al ocaso, ante la luz dispersa,
Quieras decir inolvidables cosas.

¿Y el incesante Ródano[3] y el lago,
Todo ese ayer sobre el cual hoy me inclino?
Tan perdido estará como Cartago[4]   35
Que con fuego y con sal borró el latino.

Creo en el alba oír un atareado
Rumor de multitudes que se alejan;
Son lo que me ha querido y olvidado;
Espacio y tiempo y Borges ya me dejan.   40

---

[1] Jano: Janus, the Roman god of exits and entrances, is usually represented with two bearded faces placed back to back.

[2] el persa: Omar Khayyám (d. 1123?), the Persian poet and author of the *Rubáiyát*.

[3] Ródano: The Rhone River, which originates in Switzerland, passes through Lake Geneva and flows through France into the Mediterranean.

[4] Cartago: Carthage, the North African city-state founded in 814 B.C. by the Phoenicians, fought the Punic Wars against Rome and was destroyed by Roman troops in 146 B.C.

El Golem[1]

Si (como el griego afirma en el Cratilo[2])
El nombre es arquetipo de la cosa,
En las letras de *rosa* está la rosa
Y todo el Nilo en la palabra *Nilo*.

Y, hecho de consonantes y vocales,   5
Habrá un terrible Nombre, que la esencia
Cifre de Dios y que la Omnipotencia
Guarde en letras y sílabas cabales.

Adán y las estrellas lo supieron
En el Jardín. La herrumbre del pecado   10
(Dicen los cabalistas[3]) lo ha borrado
Y las generaciones lo perdieron.

[1] *Golem:* " 'Golem' was the name given to the man created by com-
binations of letters; the word means, literally, a shapeless or lifeless clod.
. . . Eleazar of Worms has preserved the secret formula for making a
Golem. The procedures involved cover some twenty-three folio columns
and require a knowledge of the 'alphabets of the 221 gates' which must be
recited over each of the Golem's organs. The word *Emet*, which means
Truth, should be marked on its forehead; to destroy the creature, the first
letter must be obliterated, forming the word *met*, whose meaning is *death*."
Jorge Luis Borges with Margarita Guerrero, *The Book of Imaginary Beings*,
translated by Norman Thomas di Giovanni and Jorge Luis Borges (New
York: E. P. Dutton, 1969), pp. 112–14.
[2] Cratilo: *Cratylus*, a minor Socratic dialogue concerned with the use and
function of language, and the naming of things.
[3] cabalistas: Kabbalists, practitioners of the Kabbalah (literally, "tradi-
tion"), the movement of Jewish mysticism that flourished from the twelfth
century onward, wherein Judaism and the Scriptures are considered sym-
bolic manifestations of the secrets of the cosmos.

Los artificios y el candor del hombre
No tienen fin. Sabemos que hubo un día
En que el pueblo de Dios buscaba el Nombre   15
En las vigilias de la judería.

No a la manera de otras que una vaga
Sombra insinúan en la vaga historia,
Aún está verde y viva la memoria
De Judá León⁴, que era rabino en Praga.   20

Sediento de saber lo que Dios sabe,
Judá León se dio a permutaciones
de letras y a complejas variaciones
Y al fin pronunció el Nombre que es la Clave,

La Puerta, el Eco, el Huésped y el Palacio,   25
Sobre un muñeco que con torpes manos
labró, para enseñarle los arcanos
De las Letras, del Tiempo y del Espacio.

El simulacro alzó los soñolientos
Párpados y vio formas y colores
Que no entendió, perdidos en rumores,   30
Y ensayó temerosos movimientos.

Gradualmente se vio (como nosotros)
Aprisionado en esta red sonora
de Antes, Después, Ayer, Mientras, Ahora,   35
Derecha, Izquierda, Yo, Tú, Aquellos, Otros.

(El cabalista que ofició de numen
A la vasta criatura apodó Golem;
Estas verdades las refiere Scholem⁵
En un docto lugar de su volumen.)   40

---

⁴ Judá León: Jehudah Loewe ben Bezalel of Prague (1520?–1609?), the
"Exalted Rabbi Loew" of the Golem legend.
⁵ Scholem: Gershom G. Scholem (b. 1879), Professor of Jewish Mysticism
at the Hebrew University in Jerusalem, is the author of *Major Trends in
Jewish Mysticism* and *On the Kabbalah and Its Symbolism.* According to
Borges, the name *Scholem* is the only word that rhymes with *golem.*

El rabí le explicaba el universo
(*Esto es mi pie; esto el tuyo; esto la soga*)
Y logró, al cabo de años, que el perverso
Barriera bien o mal la sinagoga.

Tal vez hubo un error en la grafía   45
O en la articulación del Sacro Nombre;
A pesar de tan alta hechicería,
No aprendió a hablar el aprendiz de hombre.

Sus ojos, menos de hombre que de perro
Y harto menos de perro que de cosa,   50
Seguían al rabí por la dudosa
penumbra de las piezas del encierro.

Algo anormal y tosco hubo en el Golem,
Ya que a su paso el gato del vecino
Se escondía. (Ese gato no está en Scholem   55
Pero, a través del tiempo, lo adivino.)

Elevando a su Dios manos filiales,
Las devociones de su dios copiaba
O, estúpido y sonriente, se ahuecaba
En cóncavas zalemas orientales.   60

El rabí lo miraba con ternura
Y con algún horror. *¿Cómo* (se dijo)
Pude engendrar este penoso hijo
Y la inacción dejé, que es la cordura?

¿Por qué di en agregar a la infinita   65
Serie un símbolo más? ¿Por qué a la vana
Madeja que en lo eterno se devana,
Di otra causa, otro efecto y otra cuita?

En la hora de angustia y de luz vaga,
En su Golem los ojos detenía.   70
¿Quién nos dirá las cosas que sentía
Dios, al mirar a su rabino en Praga?

Ajedrez

I

En su grave rincón, los jugadores
Rigen las lentas piezas. El tablero
Los demora hasta el alba en su severo
Ámbito en que se odian dos colores[1].

Adentro irradian mágicos rigores   5
Las formas: torre homérica, ligero
Caballo, armada reina, rey postrero,
Oblicuo alfil y peones agresores.

Cuando los jugadores se hayan ido,
Cuando el tiempo los haya consumido,   10
Ciertamente no habrá cesado el rito.

En el oriente se encendió esta guerra
Cuyo anfiteatro es hoy toda la tierra.
Como el otro, este juego es infinito.

II

Tenue rey, sesgo alfil, encarnizada   15
Reina, torre directa y peón ladino[2]
Sobre lo negro y blanco del camino
Buscan y libran su batalla armada.

---

[1] Ámbito . . . colores: The chessboard is divided into sixty-four squares, on which sixteen black and sixteen white pieces are moved.
[2] Tenue . . . ladino: adjectival description of the movements of each piece.

No saben que la mano señalada
Del jugador gobierna su destino,   20
No saben que un rigor adamantino
Sujeta su albedrío y su jornada.

También el jugador es prisionero
(La sentencia es de Omar³) de otro tablero
De negras noches y de blancos días.   25

Dios mueve al jugador, y éste, la pieza.
¿Qué dios detrás de Dios la trama empieza
De polvo y tiempo y sueño y agonías?

³ Omar: " 'Tis all a Chequer-board of Nights and Days / Where Destiny
with Men for Pieces plays: / Hither and thither moves, and mates, and
slays. / And one by one back in the Closet lays." *The Rubáiyát of Omar
Khayyám,* translated from the Persian by Edward Fitzgerald (1859).

La luna

Cuenta la historia que en aquel pasado
Tiempo en que sucedieron tantas cosas
Reales, imaginarias y dudosas,
Un hombre concibió el desmesurado

Proyecto de cifrar el universo   5
En un libro y con ímpetu infinito
Erigió el alto y arduo manuscrito
Y limó y declamó el último verso.

Gracias iba a rendir a la fortuna
Cuando al alzar los ojos vio un bruñido   10
Disco en el aire y comprendió, aturdido,
Que se había olvidado de la luna.

La historia que he narrado aunque fingida
Bien puede figurar el maleficio
De cuantos ejercemos el oficio   15
De cambiar en palabras nuestra vida.

Siempre se pierde lo esencial. Es una
Ley de toda palabra sobre el numen.
No la sabrá eludir este resumen
De mi largo comercio con la luna.   20

No sé dónde la vi por vez primera,
Si en el cielo anterior de la doctrina
Del griego o en la tarde que declina
Sobre el patio del pozo y de la higuera.

Según se sabe, esta mudable vida   25
Puede entre tantas cosas, ser muy bella
Y hubo así alguna tarde en que con ella
Te miramos, oh luna compartida.

Más que las lunas de las noches puedo
Recordar las del verso: la hechizada   30
Dragon moon[1] que da horro a la balada
Y la luna sangrienta de Quevedo[2].

De otra luna de sangre y de escarlata
Habló Juan[3] en su libro de feroces
Prodigios y de júbilos atroces;   35
Otras más claras lunas hay de plata.

Pitágoras[4] con sangre (narra una
Tradición) escribía en un espejo
Y los hombres leían el reflejo
En aquel otro espejo que es la luna.   40

De hierro hay una selva donde mora
El alto lobo cuya extraña suerte
Es derribar la luna y darle muerte
Cuando enrojezca el mar la última aurora.

(Esto el Norte profético lo sabe   45
Y también que ese día los abiertos
Mares del mundo infestará la nave
Que se hace con las uñas de los muertos[5].)

[1] *Dragon moon:* appears in "The Ballad of the White Horse," by the
English writer G. K. Chesterton (1874–1936).
[2] luna . . . Quevedo: Francisco de Quevedo (1580–1645), the Spanish
poet, wrote the following verse in his sonnet "Memoria inmortal de don
Pedro Girón, Duque de Osuna, muerto en prisión": "y su epitafio la san-
grienta luna."
[3] Habló Juan: Saint John the Divine, author of the Book of Revelation.
[4] Pitágoras: Pythagoras (580?–504? B.C.), the Greek philosopher, pro-
pounded the doctrines of the transmigration of souls and of number as the
principle of the harmony of the universe and of moral life.
[5] Y . . . muertos: Scandinavian lunar myths.

Cuando, en Ginebra o Zürich[6], la fortuna
Quiso que yo también fuera poeta,   50
Me impuse, como todos, la secreta
Obligación de definir la luna.

Con una suerte de estudiosa pena
Agotaba modestas variaciones,
Bajo el vivo temor de que Lugones[7]   55
Ya hubiera usado el ámbar o la arena.

De lejano marfil, de humo, de fría
Nieve fueron las lunas que alumbraron
Versos que ciertamente no lograron
El arduo honor de la tipografía.   60

Pensaba que el poeta es aquel hombre
Que, como el rojo Adán del Paraíso,
Impone a cada cosa su preciso
Y verdadero y no sabido nombre.

Ariosto[8] me enseñó que en la dudosa   65
Luna moran los sueños, lo inasible,
El tiempo que se pierde, lo posible
O lo imposible, que es la misma cosa.

De la Diana triforme[9] Apolodoro[10]
Me dejó divisar la sombra mágica;   70

---

[6] Ginebra o Zürich: Geneva and Zurich, Swiss cities where Borges first
began to write poetry during the First World War.
[7] Lugones: Leopoldo Lugones (1874–1938), Argentinian modernist poet,
author of *Lunario sentimental.*
[8] Ariosto: Ludovico Ariosto (1474–1533), Italian Renaissance poet, author
of the epic *Orlando furioso.*
[9] Diana triforme: Roman goddess of the moon, known as Artemis in
Greek mythology; the moon is called triform because of its three aspects:
round, waxing, and waning.
[10] Apolodoro: Apollodorus (140? B.C.), Greek scholar known for his
Chronicle of literature and history from the fall of Troy, and for his monu-
mental work, *On the Gods.*

Hugo[11] me dio una hoz que era de oro,
Y un irlandés[12], su negra luna trágica.

Y, mientras yo sondeaba aquella mina
De las lunas de la mitología,
Ahí estaba, a la vuelta de una esquina,   75
La luna celestial de cada día.

Sé que entre todas las palabras, una
Hay para recordarla o figurarla.
El secreto, a mi ver, está en usarla
Con humildad. Es la palabra *luna*.   80

Ya no me atrevo a macular su pura
Aparición con una imagen vana;
La veo indescifrable y cotidiana
Y más allá de mi literatura.

Sé que la luna o la palabra *luna*   85
Es una letra que fue creada para
La compleja escritura de esa rara
Cosa que somos, numerosa y una.

Es uno de los símbolos que al hombre
Da el hado o el azar para que un día   90
De exaltación gloriosa o agonía
Pueda escribir su verdadero nombre.

---

[11] Hugo: Victor Hugo (1802–85), French poet, playwright, and novelist.
Borges' allusion is to the moon imagery in Hugo's poem "Booz endormi":
"Cette faucille d'or dans le champ des étoiles" ("This golden sickle in the
field of stars").
[12] irlandés: reference to William Butler Yeats, the Irish poet and dramatist
(1865–1939). Borges says that the reference may be apocryphal, as he was
not quoting or paraphrasing any particular line from Yeats.

Una rosa y Milton[1]

De las generaciones de las rosas
Que en el fondo del tiempo se han perdido
Quiero que una se salve del olvido,
Una sin marca o signo entre las cosas
Que fueron. El destino me depara   5
Este don de nombrar por vez primera
Esa flor silenciosa, la postrera
Rosa que Milton acercó a su cara,
Sin verla. Oh tú bermeja o amarilla
O blanca rosa de un jardín borrado,   10
Deja mágicamente tu pasado
Inmemorial y en este verso brilla,
Oro, sangre o marfil o tenebrosa
Como en sus manos, invisible rosa.

---

[1] Milton: John Milton (1608–74), the English poet, became totally blind at the age of forty-four; subsequently he was obliged to depend on his daughters or on an amanuensis to read for him and write to his dictation.

Ewigkeit[1]

Torne en mi boca el verso castellano
A decir lo que siempre está diciendo
Desde el latín de Séneca[2]: el horrendo
Dictamen de que todo es del gusano.
Torne a cantar la pálida ceniza,   5
Los fastos de la muerte y la victoria
De esa reina retórica que pisa
Los estandartes de la vanagloria.
No así. Lo que mi barro ha bendecido
No lo voy a negar como un cobarde.   10
Sé que una cosa no hay. Es el olvido;
Sé que en la eternidad perdura y arde
Lo mucho y lo precioso que he perdido:
Esa fragua, esa luna y esa tarde.

---

[1] *Ewigkeit:* (German) eternity (or, as Borges has entitled a companion poem to this one, "Everness").
[2] Séneca: Lucius Annaeus Seneca (4 B.C.–65 A.D.), Roman Stoic philosopher born in Cordoba, Spain, author of numerous epistles, tragedies, and investigations of natural science.

Spinoza[1]

Las traslúcidas manos del judío
Labran en la penumbra los cristales
Y la tarde que muere es miedo y frío.
(Las tardes a las tardes son iguales.)
Las manos y el espacio de jacinto   5
Que palidece en el confín del Ghetto[2]
Casi no existen para el hombre quieto
Que está soñando un claro laberinto.
No lo turba la fama, ese reflejo
De sueños en el sueño de otro espejo,   10
Ni el temeroso amor de la doncellas.
Libre de la metáfora y del mito
Labra un arduo cristal: el infinito
Mapa de Aquél que es todas Sus estrellas.

[1] Spinoza: Baruch Spinoza (1632–77), Dutch philosopher of Sephardic Jewish origin, who earned his living as a lens grinder. In his works, especially the Ethics, he maintained that "the existence of God is an eternal truth" and that God is indivisible from nature.
[2] Ghetto: the Jewish quarter of Amsterdam.

Adam Cast Forth[1]

¿Hubo un Jardín o fue el Jardín un sueño?
Lento en la vaga luz, me he preguntado,
Casi como un consuelo, si el pasado
De que este Adán, hoy mísero, era dueño,
No fue sino una mágica impostura   5
De aquel Dios que soñé. Ya es impreciso
En la memoria el claro Paraíso,
Pero yo sé que existe y que perdura,
Aunque no para mí. La terca tierra
Es mi castigo y la incestuosa guerra   10
De Caínes y Abeles y su cría.
Y, sin embargo, es mucho haber amado,
Haber sido feliz, haber tocado
El viviente Jardín, siquiera un día.

[1] *Adam Cast Forth:* the title of a poem by Charles M. Doughty (1843–1926), English traveler and author, best known for his *Travels in Arabia Deserta.*

Otro poema de los dones

Gracias quiero dar al divino
Laberinto de los efectos y de las causas
Por la diversidad de las criaturas
Que forman este singular universo,
Por la razón, que no cesará de soñar   5
Con un plano del laberinto,
Por el rostro de Elena[1] y la perseverancia de Ulises[2],
Por el amor, que nos deja ver a los otros
Como los ve la divinidad,
Por el firme diamante y el agua suelta,   10
Por el álgebra, palacio de precisos cristales,
Por las místicas monedas de Ángel Silesio[3],
Por Schopenhauer[4],
Que acaso descifró el universo,
Por el fulgor del fuego   15
Que ningún ser humano puede mirar sin un asombro
      antiguo,
Por la caoba, el cedro y el sándalo,
Por el pan y la sal,
Por el misterio de la rosa
Que prodiga color y que no lo ve,   20

[1] Elena: Helen, the beautiful daughter of Zeus and Leda, was carried off
to Troy by Paris in the absence of her husband, Menelaus. The incident
resulted in a ten-year war and the downfall of Troy.

[2] Ulises: Ulysses, King of Ithaca, hero of the Trojan War, and principal
character of the *Odyssey*, a chronicle of his twenty years' wanderings before
returning home to his wife, the faithful Penelope.

[3] Ángel Silesio: Angelus Silesius, pseudonym of Johannes Scheffler (1624–
77), German mystic who wrote the *Cherubinischer Wandersmann.*

[4] Schopenhauer: Arthur Schopenhauer (1788–1860), German philosopher
who wrote *The World as Will and Representation.*

Por ciertas vísperas y días de 1955[5],
Por los duros troperos que en la llanura
Arrean los animales y el alba,
Por la mañana en Montevideo[6],
Por el arte de la amistad,   25
Por el último día de Sócrates[7],
Por las palabras que en un crepúsculo se dijeron
De una cruz a otra cruz,
Por aquel sueño del Islam que abarcó
Mil noches y una noche[8],   30
Por aquel otro sueño del infierno,
De la torre del fuego que purifica
Y de las esferas gloriosas[9],
Por Swedenborg[10],
Que conversaba con los ángeles en las calles de Londres,   35
Por los ríos secretos e inmemoriales
Que convergen en mí,
Por el idioma que, hace siglos, hablé en Nortumbria[11],
Por la espada y el arpa de los sajones,
Por el mar, que es un desierto resplandeciente   40
Y una cifra de cosas que no sabemos
Y un epitafio de los vikings,
Por la música verbal de Inglaterra,
Por la música verbal de Alemania,
Por el oro, que relumbra en los versos,   45

---

[5] 1955: year in which the Argentinian dictator Juan Domingo Perón was overthrown and Borges was appointed Director of the National Library by the new president.

[6] Montevideo: capital city of Uruguay.

[7] Socrates: Greek philosopher. (See footnote 14 on page 168.)

[8] aquel . . . noche: *The Arabian Nights' Entertainments* (*The Book of a Thousand Nights and a Night*).

[9] aquel . . . gloriosas: *The Divine Comedy* of Dante Alighieri.

[10] Swedenborg: Emmanuel Swedenborg (1688–1772), Swedish mystic whose eyewitness account of *Heaven and Hell* was published in London; his other works include *Heavenly Arcana* and *Divine Love and Wisdom*.

[11] Nortumbria: Northumbria (now Northumberland), the Anglo-Saxon kingdom that flourished in the north of England from the sixth to the ninth century. Borges' paternal ancestors, the Haslams, were from this part of England.

Por el épico invierno,
Por el nombre de un libro que no he leído: *Gesta Dei per
    Francos*[12],
Por Verlaine[13], inocente como los pájaros,
Por el prisma de cristal y la pesa de bronce,
Por las rayas del tigre,   50
Por las altas torres de San Francisco y de la isla de
    Manhattan,
Por la mañana en Texas,
Por aquel sevillano que redactó la Epístola Moral [14]
Y cuyo nombre, como él hubiera preferido, ignoramos,
Por Séneca[15] y Lucano[16], de Córdoba,   55
Que antes del español escribieron
Toda la literatura española,
Por el geométrico y bizarro ajedrez,
Por la tortuga de Zenón[17] y el mapa de Royce[18],
Por el olor medicinal de los eucaliptos,   60
Por el lenguaje, que puede simular la sabiduría,
Por el olvido, que anula o modifica el pasado,
Por la costumbre,
Que nos repite y nos confirma como un espejo,

---

[12] *Gesta . . . Francos:* This twelfth-century history of the Crusades, noteworthy for its exaltation of the French, was written by the Benedictine Abbot, Guibert de Nogent (1053–1124).

[13] Verlaine: Paul Verlaine (1844–96), French symbolist poet, author of *Fêtes galantes* and *Romances sans paroles*. Verlaine was imprisoned for two years after he shot Arthur Rimbaud in the knee.

[14] Epístola Moral: anonymous Spanish poem written in the seventeenth century.

[15] Séneca: (See footnote 2 on page 129.)

[16] Lucano: Marcus Annaeus Lucanus (39–65 A.D.), Roman poet born in Cordoba, Spain, author of the *Pharsalia*.

[17] tortuga de Zenón: Zeno of Elea (b. 485? B.C.), Greek philosopher who, in his famous paradox of Achilles and the tortoise, argued that regardless of Achilles' speed, he will never be able to catch up with the slow moving tortoise.

[18] mapa de Royce: Josiah Royce (1855–1916), American philosopher. "Borges has spoken of the surprising effect produced by the map-within-a-map in Josiah Royce's *The World and the Individual,* by the play-within-a-play in *Hamlet,* by the novel-within-a-novel in *Don Quixote.*" Ana María Barrenechea, *Borges the Labyrinth Maker,* edited and translated by Robert Lima (New York: New York University Press, 1965), p. 16.

Por la mañana, que nos depara la ilusión de un principio,   65
Por la noche, su tiniebla y su astronomía,
Por el valor y la felicidad de los otros,
Por la patria, sentida en los jazmines
O en una vieja espada,
Por Whitman[19] y Francisco de Asís[20], que ya escribieron
    el poema,   70
Por el hecho de que el poema es inagotable
Y se confunde con la suma de las criaturas
Y no llegará jamás al último verso
Y varía según los hombres,
Por Frances Haslam[21], que pidió perdón a sus hijos   75
Por morir tan despacio,
Por los minutos que preceden al sueño,
Por el sueño y la muerte,
Esos dos tesoros ocultos,
Por los íntimos dones que no enumero,   80
Por la música, misteriosa forma del tiempo.

[19] Whitman: Walt Whitman (1819–92) is the American poet whose work deeply impressed Borges as a youth. Borges recently published his own translation of Whitman's *Leaves of Grass*.

[20] Francisco de Asís: Saint Francis of Assisi (1182–1226) preached a doctrine of brotherhood, love, and poverty, and is the author of a series of poems extolling the creation, notably the "Canticle of the Creatures."

[21] Frances Haslam: Borges' paternal grandmother. "When she died, at the age of ninety, in 1935, she called us to her side and said . . . 'I am only an old woman dying very, very slowly. There is nothing remarkable or interesting about this.' She could see no reason whatever why the whole household should be upset, and she apologized for taking so long to die." Jorge Luis Borges with Norman Thomas di Giovanni, "Autobiographical Notes," *The New Yorker*, September 19, 1970, p. 40.

James Joyce[1]

En un día del hombre están los días
del tiempo, desde aquel inconcebible
día inicial del tiempo, en que un terrible
Dios prefijó los días y agonías
hasta aquel otro en que el ubicuo río   5
del tiempo terrenal torne a su fuente,
que es lo Eterno, y se apague en el presente,
el futuro, el ayer, lo que ahora es mío.
Entre el alba y la noche está la historia
universal. Desde la noche veo   10
a mis pies los caminos del hebreo,
Cartago aniquilada, Infierno y Gloria.
Dame, Señor, coraje y alegría
para escalar la cumbre de este día.

---

[1] *James Joyce:* Irish novelist (1882–1941) whose *Ulysses* (1922), written
around one day in the life of Leopold Bloom, Molly Bloom, and Stephen
Dedalus, is acknowledged to be one of the greatest novels of all time. The
day is June 16, 1904.

Laberinto[1]

No habrá nunca una puerta. Estás adentro
Y el alcázar abarca el universo
Y no tiene ni anverso ni reverso
Ni externo muro ni secreto centro.
No esperes que el rigor de tu camino   5
Que tercamente se bifurca en otro,
Que tercamente se bifurca en otro,
Tendrá fin. Es de hierro tu destino
Como tu juez. No aguardes la embestida
Del toro que es un hombre y cuya extraña   10
Forma plural da horror a la maraña
De interminable piedra entretejida.
No existe. Nada esperes. Ni siquiera
En el negro crepúsculo la fiera.

[1] *Laberinto:* labyrinth built by Daedalus for King Minos of Crete, to conceal the Minotaur—a monster with the body of a man and the head of a bull. Theseus, future king of Athens, slew the Minotaur and escaped with the help of Minos' daughter, Ariadne.

Las cosas

El bastón, las monedas, el llavero,
La dócil cerradura, las tardías
Notas que no leerán los pocos días
Que me quedan, los naipes y el tablero,
Un libro y en sus páginas la ajada   5
Violeta, monumento de una tarde
Sin duda inolvidable y ya olvidada,
El rojo espejo occidental en que arde
Una ilusoria aurora. ¡Cuántas cosas,
Limas, umbrales, atlas, copas, clavos,   10
Nos sirven como tácitos esclavos,
Ciegas y extrañamente sigilosas!
Durarán más allá de nuestro olvido;
No sabrán nunca que nos hemos ido.

Israel

Un hombre encarcelado y hechizado,
un hombre condenado a ser la serpiente
que guarda un oro infame,
un hombre condenado a ser Shylock[1],
un hombre que se inclina sobre la tierra   5
y que sabe que estuvo en el Paraíso,
un hombre viejo y ciego que ha de romper
las columnas del templo,
un rostro condenado a ser una máscara,
un hombre que a pesar de los hombres   10
es Spinoza y el Baal Shem[2] y los cabalistas,
un hombre que es el Libro,
una boca que alaba desde el abismo
la justicia del firmamento,
un procurador o un dentista   15
que dialogó con Dios en una montaña,
un hombre condenado a ser el escarnio,
la abominación, el judío,
un hombre lapidado, incendiado
y ahogado en cámaras letales,   20
un hombre que se obstina en ser inmortal
y que ahora ha vuelto a su batalla,
a la violenta luz de la victoria,
hermoso como un león al mediodía.

[1] Shylock: Jewish moneylender in Shakespeare's *Merchant of Venice.*
[2] Baal Shem: Israel ben Eliezer (1700?–60?), called the Baal Shem-Tob (Master of the Holy Name), founded the modern Hasidic movement, which emphasizes the personality of the religious leader rather than the doctrine itself.

Elogio de la sombra[1]

La vejez (tal es el nombre que los otros le dan)
puede ser el tiempo de nuestra dicha.
El animal ha muerto o casi ha muerto.
Vivo entre formas luminosas y vagas
que no son aún la tiniebla.   5
Buenos Aires,
que antes se desgarraba en arrabales
hacia la llanura incesante,
ha vuelto a ser la Recoleta, el Retiro,
las borrosas calles del Once   10
y las precarias casas viejas
que aún llamamos el Sur.
Siempre en mi vida fueron demasiadas las cosas;
Demócrito de Abdera[2] se arrancó los ojos para pensar;
el tiempo ha sido mi Demócrito.   15
Esta penumbra es lenta y no duele;
fluye por un manso declive
y se parece a la eternidad.
Mis amigos no tienen cara,
las mujeres son lo que fueron hace ya tantos años,   20
las esquinas pueden ser otras,
no hay letras en las páginas de los libros.
Todo esto debería atemorizarme,
pero es una dulzura, un regreso.

[1] *Elogio de la sombra:* Borges has pointed out that the word " 'Darkness' in the title stands for both blindness and death.". *The New Yorker,* September 19, 1970, p. 97.
[2] Demócrito de Abdera: Democritus (460?–370? B.C.), Greek philosopher, who enjoyed ridiculing the folly of man.

De las generaciones de los textos que hay en la tierra   25
sólo habré leído unos pocos,
los que sigo leyendo en la memoria,
leyendo y transformando.
Del Sur, del Este, del Oeste, del Norte,
convergen los caminos que me han traído   30
a mi secreto centro.
Esos caminos fueron ecos y pasos,
mujeres, hombres, agonías, resurrecciones,
días y noches,
entre sueños y sueños,   35
cada ínfimo instante del ayer
y de los ayeres del mundo,
la firme espada del danés y la luna del persa,
los actos de los muertos,
el compartido amor, las palabras,   40
Emerson[3] y la nieve y tantas cosas.
Ahora puedo olvidarlas. Llego a mi centro,
a mi álgebra y mi clave,
a mi espejo.
Pronto sabré quién soy.   45

---

[3] Emerson: Ralph Waldo Emerson (1803–82), American transcendental-
ist writer, whose poetry and essays were deeply influenced by Emmanuel
Swedenborg.

PREGUNTAS

Manuscrito hallado en un libro de Joseph Conrad

1. ¿Qué imágenes usa Borges para crear el ambiente de calor diurno y de frescura nocturna, de tiempo vago y de imprecisión original como en un libro de Joseph Conrad?
2. ¿Qué significa el final?

Un soldado de Urbina

1. ¿Quién es el personaje de este soneto?
2. ¿De qué libro es autor? ¿Qué ciclos lo inspiraron?
3. ¿En qué momento de su vida lo encuentra Borges?

Límites

1. ¿Qué fatalismo expresa Borges en este poema? ¿Tiene alguna relación con "Ajedrez II"?
2. ¿Cómo es que el ayer de Borges en Suiza puede estar tan perdido como Cartago?
3. Explique el verso final.

El Golem

1. ¿Qué es un Golem?
2. ¿Por qué no aprendió a hablar?
3. ¿Cuál es la relación entre lo que se decía el rabí al ver el Golem y lo que se decía Dios al ver al rabí?
4. ¿Cuál es el sentido de los primeros versos, y que importancia tienen para la creación mágica del Golem?

Ajedrez

1. ¿Qué quiere decir Borges cuando escribe "En el oriente se encendió esta guerra" y "Como el otro, este juego es infinito"?
2. ¿Se puede comparar el final del soneto II con el de "El Golem"?
3. ¿Es pesimista este soneto?

La luna

1. ¿Qué olvidó el hombre en su libro, que pretendía cifrar el universo, y qué significa ese olvido?
2. ¿Cuáles son las lunas del verso que recuerda Borges?
3. ¿Cuál era su preocupación cuando empezó a escribir poesía, y qué pensaba que debía ser el poeta?
4. ¿Qué piensa usted de la conclusión del poema?

Una rosa y Milton

1. ¿Qué semejanza hay entre Milton y Borges?
2. ¿Por qué es esta rosa invisible y de un jardín cerrado?

Ewigkeit

1. ¿Qué significa la palabra *Ewigkeit?*
2. ¿Qué está diciendo el verso castellano, desde el latín de Séneca?
3. ¿Acepta Borges su vida?
4. ¿Cuál es la importancia del olvido?

Spinoza

1. ¿Quién era Spinoza?
2. ¿Cuál fue su obra maestra?
3. En su concentración, ¿qué es lo que sueña y labra?

Adam Cast Forth

1. ¿Qué significa el título?
2. ¿Cuál es la pregunta central de Borges?
3. ¿Qué es lo que considera su castigo? ¿Tiene alguna relación con un verso de "Ajedrez II"?
4. ¿Qué quiere decir el poeta en los últimos tres versos?

Otro poema de los dones

1. ¿Es este poema típicamente borgiano?
2. ¿Por qué clase de dones da gracias Borges?
3. ¿Qué piensa el poeta del amor?
4. ¿Qué piensa de la música?

James Joyce

1. ¿Ha leído usted el *Ulysses* de James Joyce? Compare el día de Leopold Bloom con este día borgiano, que contiene los días del tiempo.

Laberinto

1. El laberinto es uno de los temas favoritos de Borges. ¿Cómo es el laberinto de este soneto?

Las cosas

1. ¿Por qué las cosas "Durarán más allá de nuestro olvido", y sirviéndonos, no sabrán de nuestra ausencia?

Israel

1. ¿Qué imagen nos ofrece Borges del pueblo judío?
2. ¿Cuál es su conclusión?

Elogio de la sombra

1. ¿A qué sombra elogia Borges?
2. ¿Qué importancia tiene la ceguera en el poema?
3. ¿Hacia dónde convergen los puntos cardinales, y qué va a saber con su muerte?

Octavio Paz

O CTAVIO PAZ, born on March 31, 1914 in Mexico City, began his literary career in 1931 with the publication of poems in the Mexican magazine *Barandal*. At the age of twenty-three he traveled to Spain, where the Civil War led him to the "revelation of 'another' man." Returning to Mexico in 1938, Paz edited *Taller* and took part in the founding of *El Hijo Pródigo* (1943), a Mexican magazine that was to become highly influential in the years to come.

As a member of the Mexican Foreign Service in the late 1940s, Paz resided in both the United States and France. While in Paris, he joined the surrealist movement and established a close friendship with André Breton. Then, after a brief stay in Japan, Paz returned to Mexico and, in collaboration with Juan José Arreola, formed the theatrical group known as *Poesía en voz alta*.

In 1962, Paz was appointed ambassador to India and held that post until 1968, when he resigned in protest against the violent methods employed by the Mexican government in response to student activities. His resignation took effect a few days before the opening of the Olympic Games, which were scheduled to be held in Mexico that year. Since then, he has spent several semesters as a visiting professor at the University of Pittsburgh and the University of Texas, and was appointed to the Simón Bolívar Chair in Latin American Studies at Cambridge University in England. He held the Charles Eliot Norton Chair of Poetry at Harvard (1971–72), and has recently founded a literary magazine, *Plural,* which is published in Mexico City.

Paz's poetry divides itself into two distinct periods: the initial phase extends from his earliest books—*Luna silvestre* (1933), *Raíz del hombre* (1937), *A la orilla del mundo* (1942)—through *La estación violenta* (1958). This body of work has been collected in one volume, *Libertad bajo palabra* (1960). "Himno entre ruinas" and "Piedra de sol" are the outstanding poems of this period. In 1970, Paz wrote that he had conceived of poetry in those days as "an experience capable of transforming men . . . and, more concretely, society. The poem was an act, revolutionary in its nature. Poetic and revolutionary activity meshed and were one and the same. In order to change man, one had to change the society. And the contrary. Man frees himself through the word."

The second period begins with *Salamandra* (1962), a break with Paz's poetic past, and continues in *Blanco* (1967), a long poem originally published in the form of a scroll that should be read, according to Paz, "as a succession of signs on a single page; as the reading advances, the page unfolds . . . something like the immobile journey to which we are summoned by a roll of tantric emblems and paintings; if we unroll it, a ritual unfolds before our eyes."

With the publication in 1969 of *Ladera este,* Paz achieved a synthesis of his cultural and spiritual experience, expressed with striking authority and originality. The work of seven years is encompassed in *Ladera este,* a collection of poems based on his impressions of India. A series of "intermitencias del oeste," poems about Western political events, functions as a violent eruption of the West into the East. But above all, *Ladera este* is one of the most beautiful books ever to have been inspired by India, and the first written in Spanish to have captured the geography, temples, cities, and fabulous variety of the inhabitants of that subcontinent, as filtered through the vision of a man who is himself the product of an "exotic" culture, albeit occidental. Two poems reprinted in this book are particularly striking: "Viento entero" and "Domingo en la Isla de Elefanta." Ramón Xirau, the Mexican critic, has characterized "Viento entero" as "a circular poem, cyclical and spacious . . . in this poem love gathers itself together in the upper regions of the air."

Despite this dichotomy, Paz's poetry is united by the three dominant preoccupations—love, poetry, and man—that recur from his earliest to his most recent poems. Among his numerous prose works are *El laberinto de la soledad*, a penetrating examination of the Mexican character, *El arco y la lira* and *Cuadrivio*, studies on poetry and poets, and *Conjunciones y disyunciones*, an essay on eroticism in different societies.

Xirau has identified Paz's poetry as the natural prolongation of the tradition of severance and breaking away, which "despite differences in time and content, includes Baudelaire, Lautréamont, Rimbaud, Breton, and the surrealists. All believe ('hallucinations' or 'interior life') in a world revealed by the poet; all affirm the poet to be a visionary, and in some cases, a prophet; all believe that poetry is the true and only religion."

Himno entre ruinas[1]

donde espumoso el mar siciliano . . .
GÓNGORA

Coronado de sí el día extiende sus plumas.
¡Alto grito amarillo,
caliente surtidor en el centro de un cielo
imparcial y benéfico!
Las apariencias son hermosas en esta su verdad
    momentánea.   5
El mar trepa la costa,
se afianza entre las peñas, araña deslumbrante;
la herida cárdena del monte resplandece;
un puñado de cabras es un rebaño de piedras;
el sol pone su huevo de oro y se derrama sobre el mar.   10
Todo es dios.
¡Estatua rota,
columnas comidas por la luz,
ruinas vivas en un mundo de muertos en vida!

Cae la noche sobre Teotihuacán[2].   15
En lo alto de la pirámide los muchachos fuman marihuana,
suenan guitarras roncas.
¿Qué yerba, qué agua de vida ha de darnos la vida,
dónde desenterrar la palabra,
la proporción que rige al himno y al discurso,   20
al baile, a la ciudad y a la balanza?

[1] *Himno entre ruinas:* This poem is dated Naples, 1948.
[2] Teotihuacán: remains of a majestic ceremonial civilization in the Valley of Mexico, which reached its apogee between 350 and 650 A.D.; famous for its Pyramids of the Sun and the Moon.

El canto mexicano estalla en un carajo,
estrella de colores que se apaga,
piedra que nos cierra las puertas del contacto.
Sabe la tierra a tierra envejecida.   25

Los ojos ven, las manos tocan.
Bastan aquí unas cuantas cosas:
tuna, espinoso planeta coral,
higos encapuchados,
uvas con gusto a resurrección,   30
almejas, virginidades ariscas,
sal, queso, vino, pan solar.
Desde lo alto de su morenía una isleña me mira,
esbelta catedral vestida de luz.
Torres de sal, contra los pinos verdes de la orilla   35
surgen las velas bla⌐   ⌐le las barcas.
La luz crea templos en el mar.

Nueva York, Londres, Moscú.
La sombra cubre al llano con su yedra fantasma,
con su vacilante vegetación de escalofrío,   40
su vello ralo, su tropel de ratas.
A trechos tirita un sol anémico.
Acodado en montes que ayer fueron ciudades, Polifemo[3]
    bosteza.
Abajo, entre los hoyos, se arrastra un rebaño de hombres.
(Bípedos domésticos, su carne   45
—a pesar de recientes interdicciones religiosas—
es muy gustada por las clases ricas.
Hasta hace poco el vulgo los consideraba animales
    impuros.)

Ver, tocar formas hermosas, diarias.
Zumba la luz, dardos y alas.   50

---

[3] Polifemo: Polyphemus, the one-eyed Cyclops in the *Odyssey*, held
Ulysses and his shipmates captive in his cave until the hero made the giant
drunk and blinded him.

Huele a sangre la mancha de vino en el mantel.
Como el coral sus ramas en el agua
extiendo mis sentidos en la hora viva:
el instante se cumple en una concordancia amarilla,
¡oh mediodía, espiga henchida de minutos,   55
copa de eternidad!

Mis pensamientos se bifurcan, serpean, se enredan,
*   recomienzan,*
y al fin se inmovilizan, ríos que no desembocan,
delta de sangre bajo un sol sin crepúsculo.
¿Y todo ha de parar en este chapoteo de aguas muertas?   60

¡Día, redondo día,
luminosa naranja de veinticuatro gajos,
todos atravesados por una misma y amarilla dulzura!
La inteligencia al fin encarna,
se reconcilian las dos mitades enemigas   65
y la conciencia-espejo se licúa,
vuelve a ser fuente, manantial de fábulas:
Hombre, árbol de imágenes,
palabras que son flores que son frutos que son actos.

Piedra de sol [1]

La Treizième revient . . . c'est encor la première;
Et c'est toujours la Seule,—ou c'est le seul moment:
Car es-tu Reine, ô Toi! la première ou dernière?
Es-tu Roi, toi le seul ou le dernier amant? [2]

GÉRARD DE NERVAL (Artémis)

un sauce de cristal, un chopo de agua,
un alto surtidor que el viento arquea,

[1] *Piedra de sol:* "This poem consists of 584 hendecasyllables (the last six don't count, as they repeat the first six; actually, the poem doesn't end but recommences with them). The number of verse lines is equivalent to the synodic revolution of the planet Venus, which takes 584 days. The ancient Mexicans measured the synodical period of Venus (and that of the planets visible to the naked eye) from the 4th Day of Olín, and the 4th Day of Ehécatl marked, 584 days later, the conjunction of Venus with the Sun and, consequently, the end of one cycle and the beginning of another. . . . Venus appears twice daily, as the Morning Star (*Phosphorus*) and as the Evening Star (*Hesperus*). This duality (Lucifer and Vesper) has not failed to impress men of all civilizations, who have seen in it a symbol, a cipher or an incarnation of the essential ambiguity of the universe. Thus Ehécatl, god of the wind, was one of the manifestations of Quetzalcoatl, the plumed serpent, who brings together the two aspects of life. To the ancient Mediterranean peoples, the planet Venus—generally associated with the Moon, moisture, water, nascent vegetation, death and the resurrection of nature—was a knot of images and ambivalent forces: Ishtar, the Lady of the Sun, the Conical Stone, the Uncarved Stone (which recalls the 'unpolished piece of wood' of Taoism), Aphrodite, Cicero's quadruple Venus, Pausanias' double goddess, etc." Octavio Paz, *Piedra de Sol* (Mexico: Fondo de Cultura Económica, 1957), pp. 43–44.

[2] *La . . . amant:* This is the first stanza of Gérard de Nerval's sonnet: "The Thirteenth returns . . . it is still the first; / And it is still the Only one,—or it is the only moment: / For are you Queen, o You! who are the first or last woman? / Are you King, you who are the sole or last lover?" Artemis is the moon deity and also the goddess of death and the lower world. The first line of the sonnet refers to the thirteenth hour, the beginning of a new cycle.

un árbol bien plantado mas danzante,
un caminar de río que se curva,
avanza, retrocede, da un rodeo   5
y llega siempre:
          un caminar tranquilo
de estrella o primavera sin premura,
agua que con los párpados cerrados
mana toda la noche profecías,
unánime presencia en oleaje,   10
ola tras ola hasta cubrirlo todo,
verde soberanía sin ocaso
como el deslumbramiento de las alas
cuando se abren en mitad del cielo,

un caminar entre las espesuras   15
de los días futuros y el aciago
fulgor de la desdicha como un ave
petrificando el bosque con su canto
y las felicidades inminentes
entre las ramas que se desvanecen,   20
horas de luz que pican ya los pájaros,
presagios que se escapan de la mano,

una presencia como un canto súbito,
como el viento cantando en el incendio,
una mirada que sostiene en vilo   25
al mundo con sus mares y sus montes,
cuerpo de luz filtrada por un ágata,
piernas de luz, vientre de luz, bahías,
roca solar, cuerpo color de nube,
color de día rápido que salta,   30
la hora centellea y tiene cuerpo,
el mundo ya es visible por tu cuerpo,
es transparente por tu transparencia,

voy entre galerías de sonidos,
fluyo entre las presencias resonantes,   35
voy por las transparencias como un ciego,

un reflejo me borra, nazco en otro,
oh bosque de pilares encantados,
bajo los arcos de la luz penetro
los corredores de un otoño diáfano,   40

voy por tu cuerpo como por el mundo,
tu vientre es una plaza soleada,
tus pechos dos iglesias donde oficia
la sangre sus misterios paralelos,
mis miradas te cubren como yedra,   45
eres una ciudad que el mar asedia,
una muralla que la luz divide
en dos mitades de color durazno,
un paraje de sal, rocas y pájaros
bajo la ley del mediodía absorto,   50

vestida del color de mis deseos
como mi pensamiento vas desnuda,
voy por tus ojos como por el agua,
los tigres beben sueño en esos ojos,
el colibrí se quema en esas llamas,   55
voy por tu frente como por la luna,
como la nube por tu pensamiento,
voy por tu vientre como por tus sueños,

tu falda de maíz ondula y canta,
tu falda de cristal, tu falda de agua,   60
tus labios, tus cabellos, tus miradas,
toda la noche llueves, todo el día
abres mi pecho con tus dedos de agua,
cierras mis ojos con tu boca de agua,
sobre mis huesos llueves, en mi pecho   65
hunde raíces de agua un árbol líquido,

voy por tu talle como por un río,
voy por tu cuerpo como por un bosque,
como por un sendero en la montaña
que en un abismo brusco se termina,   70

voy por tus pensamientos afilados
y a la salida de tu blanca frente
mi sombra despeñada se destroza,
recojo mis fragmentos uno a uno
y prosigo sin cuerpo, busco a tientas,   75

corredores sin fin de la memoria,
puertas abiertas a un salón vacío
donde se pudren todos los veranos,
las joyas de la sed arden al fondo,
rostro desvanecido al recordarlo,   80
mano que se deshace si la toco,
cabelleras de arañas en tumulto
sobre sonrisas de hace muchos años,

a la salida de mi frente busco,
busco sin encontrar, busco un instante,   85
un rostro de relámpago y tormenta
corriendo entre los árboles nocturnos,
rostro de lluvia en un jardín a oscuras,
agua tenaz que fluye a mi costado,

busco sin encontrar, escribo a solas,   90
no hay nadie, cae el día, cae el año,
caigo con el instante, caigo a fondo,
invisible camino sobre espejos
que repiten mi imagen destrozada,
piso días, instantes caminados,   95
piso los pensamientos de mi sombra,
piso mi sombra en busca de un instante,

busco una fecha viva como un pájaro,
busco el sol de las cinco de la tarde
templado por los muros de tezontle: 100
la hora maduraba sus racimos
y al abrirse salían las muchachas
de su entraña rosada y se esparcían
por los patios de piedra del colegio,

alta como el otoño caminaba   105
envuelta por la luz bajo la arcada
y el espacio al ceñirla la vestía
de una piel más dorada y transparente,

tigre color de luz, pardo venado
por los alrededores de la noche,   110
entrevista muchacha reclinada
en los balcones verdes de la lluvia,
adolescente rostro innumerable,
he olvidado tu nombre, Melusina,
Laura[3], Isabel, Perséfona[4], María,   115
tienes todos los rostros y ninguno,
eres todas las horas y ninguna,
te pareces al árbol y a la nube,
eres todos los pájaros y un astro,
te pareces al filo de la espada   120
y a la copa de sangre del verdugo,
yedra que avanza, envuelve y desarraiga
al alma y la divide de sí misma,

escritura de fuego sobre el jade,
grieta en la roca, reina de serpientes,   125
columna de vapor, fuente en la peña,
circo lunar, peñasco de las águilas,
grano de anís, espina diminuta
y mortal que da penas inmortales,
pastora de los valles submarinos   130
y guardiana del valle de los muertos,
liana que cuelga del cantil del vértigo,
enredadera, planta venenosa,
flor de resurrección, uva de vida,
señora de la flauta y del relámpago,   135
terraza del jazmín, sal en la herida,

---

[3] Laura: Laura de Noves (1308–48); the Italian poet Francesco Petrarch maintained that her beauty had inspired him to be a poet.

[4] Perséfona: the Greek goddess Persephone, daughter of Zeus and Demeter; as the wife of Hades, she is the queen of the infernal regions.

ramo de rosas para el fusilado,
nieve en agosto, luna del patíbulo,
escritura del mar sobre el basalto,
escritura del viento en el desierto,   140
testamento del sol, granada, espiga,

rostro de llamas, rostro devorado,
adolescente rostro perseguido
años fantasmas, días circulares
que dan al mismo patio, al mismo muro,   145
arde el instante y son un solo rostro
los sucesivos rostros de la llama,
todos los nombres son un solo nombre,
todos los rostros son un solo rostro,
todos los siglos son un solo instante   150
y por todos los siglos de los siglos
cierra el paso al futuro un par de ojos,

no hay nada frente a mí, sólo un instante
rescatado esta noche, contra un sueño
de ayuntadas imágenes soñado,   155
duramente esculpido contra el sueño,
arrancado a la nada de esta noche,
a pulso levantado letra a letra,
mientras afuera el tiempo se desboca
y golpea las puertas de mi alma   160
el mundo con su horario carnicero,

sólo un instante mientras las ciudades,
los nombres, los sabores, lo vivido,
se desmoronan en mi frente ciega,
mientras la pesadumbre de la noche   165
mi pensamiento humilla y mi esqueleto,
y mi sangre camina más despacio
y mis dientes se aflojan y mis ojos
se nublan y los días y los años
sus horrores vacíos acumulan,   170

mientras el tiempo cierra su abanico
y no hay nada detrás de sus imágenes
el instante se abisma y sobrenada
rodeado de muerte, amenazado
por la noche y su lúgubre bostezo,   175
amenazado por la algarabía
de la muerte vivaz y enmascarada
el instante se abisma y se penetra,
como un puño se cierra, como un fruto
que madura hacia dentro de sí mismo   180
y a sí mismo se bebe y se derrama
el instante translúcido se cierra
y madura hacia dentro, echa raíces,
crece dentro de mí, me ocupa todo,
me expulsa su follaje delirante,   185
mis pensamientos sólo son sus pájaros,
su mercurio circula por mis venas,
árbol mental, frutos sabor de tiempo,

oh vida por vivir y ya vivida,
tiempo que vuelve en una marejada   190
y se retira sin volver el rostro,
lo que pasó no fue pero está siendo
y silenciosamente desemboca
en otro instante que se desvanece:

frente a la tarde de salitre y piedra   195
armada de navajas invisibles
una roja escritura indescifrable
escribes en mi piel y esas heridas
como un traje de llamas me recubren,
ardo sin consumirme, busco el agua   200
y en tus ojos no hay agua, son de piedra,
y tus pechos, tu vientre, tus caderas
son de piedra, tu boca sabe a polvo,
tu boca sabe a tiempo emponzoñado,
tu cuerpo sabe a pozo sin salida,   205
pasadizo de espejos que repiten

los ojos del sediento, pasadizo
que vuelve siempre al punto de partida,
y tú me llevas ciego de la mano
por esas galerías obstinadas   210
hacia el centro del círculo y te yergues
como un fulgor que se congela en hacha,
como luz que desuella, fascinante
como el cadalso para el condenado,
flexible como el látigo y esbelta   215
como un arma gemela de la luna,
y tus palabras afiladas cavan
mi pecho y me despueblan y vacían,
uno a uno me arrancas los recuerdos,
he olvidado mi nombre, mis amigos   220
gruñen entre los cerdos o se pudren
comidos por el sol en un barranco,

no hay nada en mí sino una larga herida,
una oquedad que ya nadie recorre,
presente sin ventanas, pensamiento   225
que vuelve, se repite, se refleja
y se pierde en su misma transparencia,
conciencia traspasada por un ojo
que se mira mirarse hasta anegarse
de claridad:
        yo vi tu atroz escama,   230
Melusina[5], brillar verdosa al alba,
dormías enroscada entre las sábanas
y al despertar gritaste como un pájaro
y caíste sin fin, quebrada y blanca,
nada quedó de ti sino tu grito,   235
y al cabo de los siglos me descubro
con tos y mala vista, barajando

---

[5] Melusina: Melusine, who turned into a serpent from the hips down
every Saturday, married Raymond of Poitiers on condition that he would
never attempt to see her on that particular day of the week. After many
years, however, his curiosity drove him to spy on her, and she flew away in
serpent form.

viejas fotos:
   no hay nadie, no eres nadie,
un montón de ceniza y una escoba,
un cuchillo mellado y un plumero,   240
un pellejo colgado de unos huesos,
un racimo ya seco, un hoyo negro
y en el fondo del hoyo los dos ojos
de una niña ahogada hace mil años,

miradas enterradas en un pozo,   245
miradas que nos ven desde el principio,
mirada niña de la madre vieja
que ve en el hijo grande un padre joven,
mirada madre de la niña sola
que ve en el padre grande un hijo niño,   250
miradas que nos miran desde el fondo
de la vida y son trampas de la muerte
—¿o es al revés: caer en esos ojos
es volver a la vida verdadera?

¡caer, volver, soñarme y que me sueñen 255
otros ojos futuros, otra vida,
otras nubes, morirme de otra muerte!
—esta noche me basta, y este instante
que no acaba de abrirse y revelarme
dónde estuve, quién fui, cómo te llamas, 260
cómo me llamo yo:
     ¿hacía planes
para el verano —y todos los veranos—
en Christopher Street, hace diez años,
con Filis que tenía dos hoyuelos
donde bebían luz los gorriones?,   265
¿por la Reforma[6] Carmen me decía
"no pesa el aire, aquí siempre es octubre",
o se lo dijo a otro que he perdido
o yo lo invento y nadie me lo ha dicho?,

  [6] la Reforma: one of the two main arteries in Mexico City, noted for its breadth and beautiful tree-lined walks.

¿caminé por la noche de Oaxaca⁷   270
inmensa y verdinegra como un árbol,
hablando solo como el viento loco
y al llegar a mi cuarto —siempre un cuarto—
no me reconocieron los espejos?,
¿desde el hotel Vernet vimos al alba   275
bailar con los castaños —"ya es muy tarde"
decías al peinarte y yo veía
manchas en la pared, sin decir nada?,
¿subimos juntos a la torre, vimos
caer la tarde desde el arrecife?,   280
¿comimos uvas en Bidart⁸?, ¿compramos
gardenias en Perote⁹?,
                    nombres, sitios,
calles y calles, rostros, plazas, calles,
estaciones, un parque, cuartos solos,
manchas en la pared, alguien se peina,   285
alguien canta a mi lado, alguien se viste,
cuartos, lugares, calles, nombres, cuartos,

Madrid, 1937 ¹⁰,
en la Plaza del Ángel las mujeres
cosían y cantaban con sus hijos,   290
después sonó la alarma y hubo gritos,
casas arrodilladas en el polvo,
torres hendidas, frentes escupidas
y el huracán de los motores, fijo:
los dos se desnudaron y se amaron   295
por defender nuestra porción eterna,
nuestra ración de tiempo y paraíso,
tocar nuestra raíz y recobrarnos,
recobrar nuestra herencia arrebatada
por ladrones de vida hace mil siglos,   300

---

⁷ Oaxaca: city and state in southern Mexico, seat of the Zapotec culture.
⁸ Bidart: town in the Basque region of France.
⁹ Perote: Mexican town.
¹⁰ Madrid, 1937: in the midst of the Spanish Civil War.

los dos se desnudaron y besaron
porque las desnudeces enlazadas
saltan el tiempo y son invulnerables,
nada las toca, vuelven al principio,
no hay tú ni yo, mañana, ayer ni nombres,   305
verdad de dos en sólo un cuerpo y alma,
oh ser total...
          cuartos a la deriva
entre ciudades que se van a pique,
cuartos y calles, nombres como heridas,
el cuarto con ventanas a otros cuartos   310
con el mismo papel descolorido
donde un hombre en camisa lee el periódico
o plancha una mujer; el cuarto claro
que visitan las ramas del durazno;
el otro cuarto: afuera siempre llueve   315
y hay un patio y tres niños oxidados;
cuartos que son navíos que se mecen
en un golfo de luz; o submarinos:
el silencio se esparce en olas verdes,
todo lo que tocamos fosforece;   320
mausoleos del lujo, ya roídos
los retratos, raídos los tapetes;
trampas, celdas, cavernas encantadas,
pajareras y cuartos numerados,
todos se transfiguran, todos vuelan,   325
cada moldura es nube, cada puerta
da al mar, al campo, al aire, cada mesa
es un festín; cerrados como conchas
el tiempo inútilmente los asedia,
no hay tiempo ya, ni muro: ¡espacio, espacio,   330
abre la mano, coge esta riqueza,
corta los frutos, come de la vida,
tiéndete al pie del árbol, bebe el agua!,

todo se transfigura y es sagrado,
es el centro del mundo cada cuarto,   335
es la primera noche, el primer día,

el mundo nace cuando dos se besan,
gota de luz de entrañas transparentes
el cuarto como un fruto se entreabre
o estalla como un astro taciturno   340
y las leyes comidas de ratones,
las rejas de los bancos y las cárceles,
las rejas de papel, las alambradas,
los timbres y las púas y los pinchos,
el sermón monocorde de las armas,   345
el escorpión meloso y con bonete,
el tigre con chistera, presidente
del Club Vegetariano y la Cruz Roja,
el burro pedagogo, el cocodrilo
metido a redentor, padre de pueblos,   350
el Jefe, el tiburón, el arquitecto
del porvenir, el cerdo uniformado,
el hijo predilecto de la Iglesia
que se lava la negra dentadura
con el agua bendita y toma clases   355
de inglés y democracia, las paredes
invisibles, las máscaras podridas
que dividen al hombre de los hombres,
al hombre de sí mismo,
                            se derrumban
por un instante inmenso y vislumbramos   360
nuestra unidad perdida, el desamparo
que es ser hombres, la gloria que es ser hombres
y compartir el pan, el sol, la muerte,
el olvidado asombro de estar vivos;

amar es combatir, si dos se besan   365
el mundo cambia, encarnan los deseos,
el pensamiento encarna, brotan alas
en las espaldas del esclavo, el mundo
es real y tangible, el vino es vino,
el pan vuelve a saber, el agua es agua,   370
amar es combatir, es abrir puertas,
dejar de ser fantasma con un número

a perpetua cadena condenado
por un amo sin rostro;
                    el mundo cambia
si dos se miran y se reconocen,   375
amar es desnudarse de los nombres:
"déjame ser tu puta", son palabras
de Eloísa[11], mas él cedió a las leyes,
la tomó por esposa y como premio
lo castraron después;
                    mejor el crimen,   380
los amantes suicidas, el incesto
de los hermanos como dos espejos
enamorados de su semejanza,
mejor comer el pan envenenado,
el adulterio en lechos de ceniza,   385
los amores feroces, el delirio,
su yedra ponzoñosa, el sodomita
que lleva por clavel en la solapa
un gargajo, mejor ser lapidado
en las plazas que dar vuelta a la noria   390
que exprime la sustancia de la vida,
cambia la eternidad en horas huecas,
los minutos en cárceles, el tiempo
en monedas de cobre y mierda abstracta;

mejor la castidad, flor invisible   395
que se mece en los tallos del silencio,
el difícil diamante de los santos
que filtra los deseos, sacia al tiempo,
nupcias de la quietud y el movimiento,
canta la soledad en su corola,   400
pétalo de cristal es cada hora,
el mundo se despoja de sus máscaras
y en su centro, vibrante transparencia,
lo que llamamos Dios, el ser sin nombre,
se contempla en la nada, el ser sin rostro   405

---

[11] Eloísa: Heloise (1101–64), Canon Fulbert's beautiful niece who became
mistress, and later wife, of the ill-fated Parisian scholar Peter Abelard.

emerge de sí mismo, sol de soles,
plenitud de presencias y de nombres;

sigo mi desvarío, cuartos, calles,
camino a tientas por los corredores
del tiempo y subo y bajo sus peldaños   410
y sus paredes palpo y no me muevo,
vuelvo adonde empecé, busco tu rostro,
camino por las calles de mí mismo
bajo un sol sin edad, y tú a mi lado
caminas como un árbol, como un río   415
caminas y me hablas como un río,
creces como una espiga entre mis manos,
lates como una ardilla entre mis manos,
vuelas como mil pájaros, tu risa
me ha cubierto de espumas, tu cabeza   420
es un astro pequeño entre mis manos,
el mundo reverdece si sonríes
comiendo una naranja,
                          el mundo cambia
si dos, vertiginosos y enlazados,
caen sobre la yerba: el cielo baja,   425
los árboles ascienden, el espacio
sólo es luz y silencio, sólo espacio
abierto para el águila del ojo,
pasa la blanca tribu de las nubes,
rompe amarras el cuerpo, zarpa el alma,   430
perdemos nuestros nombres y flotamos
a la deriva entre el azul y el verde,
tiempo total donde no pasa nada
sino su propio transcurrir dichoso,

no pasa nada, callas, parpadeas   435
(silencio: cruzó un ángel este instante
grande como la vida de cien soles),
¿no pasa nada, sólo un parpadeo?
—y el festín, el destierro, el primer crimen,
la quijada del asno, el ruido opaco   440

y la mirada incrédula del muerto
al caer en el llano ceniciento,
Agamenón[12] y su mugido inmenso
y el repetido grito de Casandra[13]
más fuerte que los gritos de las olas,   445
Sócrates[14] en cadenas (el sol nace,
morir es despertar: "Critón[15], un gallo
a Esculapio, ya sano de la vida"),
el chacal que diserta entre las ruinas
de Nínive[16], la sombra que vio Bruto[17]   450
antes de la batalla, Moctezuma[18]
en el lecho de espinas de su insomnio,
el viaje en la carreta hacia la muerte
—el viaje interminable mas contado
por Robespierre[19] minuto tras minuto,   455

[12] Agamenón: Agamemnon, son of Atreus, brother of Menelaus, husband of Clytemnestra, and chief Greek commander in the Trojan War, was murdered by Aegisthus, his wife's lover.

[13] Casandra: The fairest of Priam's daughters, Cassandra had the gift of prophecy but not the power to make her listeners believe her. Agamemnon carried her off to Mycenae as his slave, and there she was slain by his wife, Clytemnestra.

[14] Sócrates: Socrates (469–399 B.C.), Athenian philosopher, was condemned to death on charges of being out of accord with the religion of the state, introducing new gods, and corrupting youth.

[15] Critón: In the Platonic dialogue *Crito*, the condemned Socrates argues with Crito about the duty of a citizen to obey the laws of the state, even though he may be the victim of an unjust verdict. In this dialogue, which takes place in Socrates' prison on the day before his death, Socrates promises to give Esculapius a cock in gratitude for being cured of life.

[16] Nínive: Nineveh, ancient capital of Assyria, on the Tigris River; destroyed in 612 B.C. by the Medes.

[17] Bruto: Marcus Junius Brutus (85–42 B.C.), friend of Cicero and murderer of Julius Caesar, committed suicide at the Battle of Philippi.

[18] Moctezuma: Moctezuma (1466–1520), the emperor of Aztec Mexico, was assassinated by his subjects when he ordered them to surrender to Cortés.

[19] Robespierre: Maximilian de Robespierre (1758–94), French revolutionary leader indelibly associated with the Reign of Terror. Falling out of political favor, Robespierre was arrested and sentenced to die on the guillotine. Shortly before his execution, the former Jacobin leader, who had once been hailed as "incorruptible," was further subjected to the indignity of having his jaw broken in an unsuccessful attempt on his life.

la mandíbula rota entre las manos—,
Churruca[20] en su barrica como un trono
escarlata, los pasos ya contados
de Lincoln[21] al salir hacia el teatro,
el estertor de Trotski[22] y sus quejidos   460
de jabalí, Madero[23] y su mirada
que nadie contestó: ¿por qué me matan?,
los carajos, los ayes, los silencios
del criminal, el santo, el pobre diablo,
cementerios de frases y de anécdotas   465
que los perros retóricos escarban,
el delirio, el relincho, el ruido oscuro
de la vida que nace y el sonido
de huesos machacados en la riña   470
y la boca de espuma del profeta
y su grito y el grito del verdugo
y el grito de la víctima...
          son llamas
los ojos y son llamas lo que miran,
llama la oreja y el sonido llama,   475
brasa los labios y tizón la lengua,
el tacto y lo que toca, el pensamiento
y lo pensado, llama el que lo piensa,
todo se quema, el universo es llama,
arde la misma nada que no es nada   480
sino un pensar en llamas, al fin humo:
no hay verdugo ni víctima...
        ¿y el grito

[20] Churruca: Cosmé Damián de Churruca y Elorza (1761–1805), Spanish sailor who perished in the Battle of Trafalgar while fighting the British.

[21] Lincoln: Abraham Lincoln (1809–65), sixteenth president of the United States, assassinated in Ford's Theater by John Wilkes Booth.

[22] Trotski: Leon Trotsky (1879–1940), exiled Russian revolutionary and one of the founders of the Soviet Union, was assassinated in Mexico City by a pick-axe wielding Stalinist agent.

[23] Madero: Francisco I. Madero (1873–1913), Mexican revolutionary instrumental in overthrowing the dictatorship of Porfirio Díaz, became president of the Republic and was assassinated by the traitorous General Huerta.

en la tarde del viernes?, y el silencio
que se cubre de signos, el silencio
que dice sin decir, ¿no dice nada?,   485
¿no son nada los gritos de los hombres?,
¿no pasa nada cuando pasa el tiempo?

—no pasa nada, sólo un parpadeo
del sol, un movimiento apenas, nada,
no hay redención, no vuelve atrás el tiempo,   490
los muertos están fijos en su muerte
y no pueden morirse de otra muerte,
intocables, clavados en su gesto,
desde su soledad, desde su muerte
sin remedio nos miran sin mirarnos,   495
su muerte ya es la estatua de su vida,
un siempre estar ya nada para siempre,
cada minuto es nada para siempre,
un rey fantasma rige tus latidos
y tu gesto final, tu dura máscara   500
labra sobre tu rostro cambiante:
el monumento somos de una vida
ajena y no vivida, apenas nuestra,

—¿la vida, cuándo fue de veras nuestra?,
¿cuándo somos de veras lo que somos?,   505
bien mirado no somos, nunca somos
a solas sino vértigo y vacío,
muecas en el espejo, horror y vómito,
nunca la vida es nuestra, es de los otros,
la vida no es de nadie, todos somos   510
la vida —pan de sol para los otros,
los otros todos que nosotros somos—,
soy otro cuando soy, los actos míos
son más míos si son también de todos,
para que pueda ser he de ser otro,   515
salir de mí, buscarme entre los otros,
los otros que no son si yo no existo,
los otros que me dan plena existencia,

no soy, no hay yo, siempre somos nosotros,
la vida es otra, siempre allá, más lejos,   520
fuera de ti, de mí, siempre horizonte,
vida que nos desvive y enajena,
que nos inventa un rostro y lo desgasta,
hambre de ser, oh muerte, pan de todos,

Eloísa, Perséfona, María,   525
muestra tu rostro al fin para que vea
mi cara verdadera, la del otro,
mi cara de nosotros siempre todos,
cara de árbol y de panadero,
de chofer y de nube y de marino,   530
cara de sol y arroyo y Pedro y Pablo,
cara de solitario colectivo,
despiértame, ya nazco:
                    vida y muerte
pactan en ti, señora de la noche,
torre de claridad, reina del alba,   535
virgen lunar, madre del agua madre,
cuerpo del mundo, casa de la muerte,
caigo sin fin desde mi nacimiento,
caigo en mí mismo sin tocar mi fondo,
recógeme en tus ojos, junta el polvo   540
disperso y reconcilia mis cenizas,
ata mis huesos divididos, sopla
sobre mi ser, entiérrame en tu tierra,
tu silencio dé paz al pensamiento
contra sí mismo airado;
                    abre la mano,   545
señora de semillas que son días,
el día es inmortal, asciende, crece,
acaba de nacer y nunca acaba,
cada día es nacer, un nacimiento
es cada amanecer y yo amanezco,   550
amanecemos todos, amanece
el sol cara de sol, Juan amanece
con su cara de Juan cara de todos,

puerta del ser, despiértame, amanece,
déjame ver el rostro de este día,   555
déjame ver el rostro de esta noche,
todo se comunica y transfigura,
arco de sangre, puente de latidos,
llévame al otro lado de esta noche,
adonde yo soy tú somos nosotros,   560
al reino de pronombres enlazados,

puerta del ser: abre tu ser, despierta,
aprende a ser también, labra tu cara,
trabaja tus facciones, ten un rostro
para mirar mi rostro y que te mire,   565
para mirar la vida hasta la muerte,
rostro de mar, de pan, de roca y fuente,
manantial que disuelve nuestros rostros
en el rostro sin nombre, el ser sin rostro,
indecible presencia de presencias...   570

quiero seguir, ir más allá, y no puedo:
se despeñó el instante en otro y otro,
dormí sueños de piedra que no sueña
y al cabo de los años como piedras
oí cantar mi sangre encarcelada,   575
con un rumor de luz el mar cantaba,
una a una cedían las murallas,
todas las puertas se desmoronaban
y el sol entraba a saco por mi frente,
despegaba mis párpados cerrados,   580
desprendía mi ser de su envoltura,
me arrancaba de mí, me separaba
de mi bruto dormir siglos de piedra
y su magia de espejos revivía
un sauce de cristal, un chopo de agua,   585
un alto surtidor que el viento arquea,
un árbol bien plantado mas danzante,
un caminar de río que se curva,
avanza, retrocede, da un rodeo
y llega siempre: 590

Movimiento

Si tú eres la yegua de ámbar
          Yo soy el camino de sangre
Si tú eres la primer nevada
          Yo soy el que enciende el brasero del alba
Si tú eres la torre de la noche   5
          Yo soy el clavo ardiendo en tu frente
Si tú eres la marea matutina
          Yo soy el grito del primer pájaro
Si tú eres la cesta de naranjas
          Yo soy el cuchillo de sol   10
Si tú eres el altar de piedra
          Yo soy la mano sacrílega
Si tú eres la tierra acostada
          Yo soy la caña verde
Si tú eres el salto del viento   15
          Yo soy el fuego enterrado
Si tú eres la boca del agua
          Yo soy la boca del musgo
Si tú eres el bosque de las nubes
          Yo soy el hacha que las parte   20
Si tú eres la ciudad profanada
          Yo soy la lluvia de consagración
Si tú eres la montaña amarilla
          Yo soy los brazos rojos del liquen
Si tú eres el sol que se levanta   25
          Yo soy el camino de sangre

Himachal Pradesh (2)[1]

La nuestra
            (rapado, ventrudo y)
es la Civilización maáas
                  (untuoso)
antigua del   5
            (en el atajo caprino
su manto azafrán era una llama)
                        ¡Mundo!
(en movimiento)
                  Esta tierra es   10
(y el rumor de sus sandalias
sobre las púas secas de los pinos)
                        Santa:
la tierra de
            (era como si pisara) los Vedas[2].   15
(cenizas.)
            El hombre
                  (Con el índice)
empezó a pensar
                  (categórico)   20
                  hace cinco mil años

---

[1] *Himachal Pradesh:* a state in the western Himalayas. Some believe that the Vedic hymns were composed in this region. [Note of O. P.] It is recommended that this poem be read in stages: first, all the lines in italics; second, all the lines in roman type; and finally, from start to finish.

[2] los Vedas: the four sacred books of India, written in Sanskrit and attributed to the revelation of Brahma. Veda means *knowledge*.

(el pandit[3] me mostraba)

Aquí...

(los Himalayas,
las montañas más jóvenes del planeta[4]).   25

---

[3] pandit: title given in India to erudite Brahmins, especially those knowledgeable in Sanskrit literature.
[4] montañas más jóvenes: The Himalayas, the youngest mountains on this planet, date from the tertiary era. [Note of O. P.]

Viento entero[1]

El presente es perpetuo
Los montes son de hueso y son de nieve
Están aquí desde el principio
El viento acaba de nacer
     Sin edad   5
Como la luz y como el polvo
       Molino de sonidos
El bazar tornasolea
     Timbres motores radios
El trote pétreo de los asnos opacos   10
Cantos y quejas enredados
Entre las barbas de los comerciantes
Alto fulgor a martillazos esculpido
En los claros de silencio
      Estallan   15
Los gritos de los niños
     Príncipes en harapos
A la orilla del río atormentado
Rezan orinan meditan
     El presente es perpetuo 20
Se abren las compuertas del año
      El día salta
  Ágata
 El pájaro caído

[1] *Viento entero:* The first strophe refers to the bazaar in Kabul and the river that flows across the city; the second alludes to a neighborhood in Paris; and the others, to different places and spots in northern India, West Pakistan, and Afghanistan. [Note of O. P.]

Entre la calle Montalambert y la de Bac[2]   25
Es una muchacha
                    Detenida
Sobre un precipicio de miradas
Si el agua es fuego
                    Llama   30
En el centro de la hora redonda
                    Encandilada
       Potranca alazana
Un haz de chispas
              Una muchacha real   35
Entre las casas y las gentes espectrales
Presencia chorro de evidencias
Yo vi a través de mis actos irreales
La tomé de la mano
              Juntos atravesamos   40
Los cuatro espacios los tres tiempos
Pueblos errantes de reflejos
Y volvimos al día del comienzo
El presente es perpetuo
              21 de junio   45
Hoy comienza el verano
                    Dos o tres pájaros
Inventan un jardín
                    Tú lees y comes un durazno
Sobre la colcha roja   50
                    Desnuda
Como el vino en el cántaro de vidrio
                    Un gran vuelo de cuervos[3]
En Santo Domingo[4] mueren nuestros hermanos

---

[2] calle . . . Bac: streets in Paris.
[3] Un . . . cuervos: Rubén Darío, in "Canto de esperanza," number 10
of Cantos de vida y esperanza (1905). [Note of O. P.]
[4] Santo Domingo: Capital of the Dominican Republic; Paz refers to the
civil war and the landing of the United States Marines in 1965.

Si hubiera parque no estarían ustedes aquí[5]   55
      Nosotros nos roemos los codos
En los jardines de su alcázar de estío
Tipú Sultán plantó el árbol de los jacobinos[6]
Luego distribuyó pedazos de vidrio
Entre los oficiales ingleses prisioneros   60
Y ordenó que se cortasen el prepucio
Y se lo comiesen
      El siglo
Se ha encendido en nuestras tierras
Con su lumbre   65
      Las manos abrasadas
Los constructores de catedrales y pirámides
Levantarán sus casas transparentes
      El presente es perpetuo
El sol se ha dormido entre tus pechos   70
La colcha roja es negra y palpita
Ni astro ni alhaja
      Fruta
Tú te llamas dátil
      Datia[7]   75
Castillo de sal si puedes
      Mancha escarlata

---

[5] Si . . . aquí: "If we had the munitions you people would not be here.
. . ." Mexican history textbooks attribute this statement to General Anaya
when he surrendered the Plaza de Churubusco to General Scott, head of
the imperialist Yankee troops which invaded Mexico in 1847. [Note of O. P.]

[6] Tipú Sultán . . . jacobinos: The fact referred to here is historical. I
cannot be as sure about the happening referred to immediately afterwards,
although it appears in a number of accounts and memoirs of the period.
[Note of O. P.]

[7] Datia: In the walled city of Datia, in the state of Madhya Pradesh, there
is a palace-castle of the same name. Built on a black, craggy promontory it
towers over the city and the plain. According to Fergusson, it is the finest
example of civil architecture in the seventeenth century. Built to the orders
of a "condottiere" in the service of the Emperor Jahangir, Datia has never
been inhabited, except by bats and snakes—its owner was assassinated be-
fore he could take up residence. The perfect geometry of its patios and
galleries evokes not so much the castles of de Sade as the circular rigor of
his thought. A stone solipsism corresponds to a solipsism in words. [Note
of O. P.]

Sobre la piedra empedernida
Galerías terrazas escaleras
Desmanteladas salas nupciales   80
Del escorpión
   Ecos repeticiones
Relojería erótica
   Deshora
     Tú recorres   85
Los patios taciturnos bajo la tarde impía
Manto de agujas en tus hombros indemnes
Si el fuego es agua
    Eres una gota diáfana
La muchacha real   90
    Transparencia del mundo
El presente es perpetuo
     Los montes
  Soles destazados
Petrificada tempestad ocre   95
     El viento rasga
   Ver duele
El cielo es otro abismo más alto
Garganta de Salang[8]
La nube negra sobre la roca negra   100
El puño de la sangre golpea
     Puertas de piedra
Sólo el agua es humana
En estas soledades despeñadas
Sólo tus ojos de agua humana   105
     Abajo
En el espacio hendido
El deseo te cubre con sus dos alas negras
Tus ojos se abren y se cierran
     Animales fosforescentes   110
Abajo
  El desfiladero caliente

---

[8] Garganta de Salang: mountain pass in the Hindu Kush, between Kabul and Kunduz.

La ola que se dilata y se rompe
    Tus piernas abiertas
El salto blanco   115
La espuma de nuestros cuerpos abandonados
     El presente es perpetuo
El morabito regaba la tumba del santo
Sus barbas eran más blancas que las nubes
Frente al moral   120
   Al flanco del torrente
Repetiste mi nombre
    Dispersión de sílabas
Un adolescente de ojos verdes
Te regaló una granada   125
    Al otro lado del Amu-Darya[9]
Humeaban las casitas rusas
El son de la flauta usbek[10]
Era otro río invisible y más puro
En la barcaza el batelero estrangulaba pollos 130
El país es una mano abierta
     Sus líneas
  Signos de un alfabeto roto
Osamentas de vacas en el llano
Bactriana[11]   135
   Estatua pulverizada
Yo recogí del polvo unos cuantos nombres
Por esas sílabas caídas
Granos de una granada cenicienta
Juro ser tierra y viento   140
    Remolino
Sobre tus huesos
   El presente es perpetuo

---

[9] Amu-Darya: The Oxus River, which forms the northern border between Afghanistan and the U.S.S.R., flows into the Aral Sea.

[10] usbek: The Uzbek nation, of Turkish origin, is divided between the U.S.S.R. and Afghanistan; the Afghani group is nomadic. [Note of O. P.]

[11] Bactriana: The passage alludes to this ancient province, one of the great centers of non-Mediterranean Hellenism, victim of the White Huns and, subsequently, of other invasions by Central Asian barbarians. [Note of O. P.]

La noche entra con todos sus árboles
Noche de insectos eléctricos y fieras de seda   145
Noche de yerbas que andan sobre los muertos
Conjunción de aguas que vienen de lejos
Murmullos
      Los universos se desgranan
Un mundo cae   150
      Se enciende una semilla
Cada palabra palpita
      Oigo tu latir en la sombra
Enigma en forma de reloj de arena
      Mujer dormida   155
Espacio espacios animados
Anima mundi[12]
      Materia maternal
Perpetua desterrada de sí misma
Y caída perpetua en su entraña vacía   160
      Anima mundi
Madre de las razas errantes
      De soles y de hombres
Emigran los espacios
      El presente es perpetuo   165
En el pico del mundo[13] se acarician
Shiva y Parvati
      Cada caricia dura un siglo
Para el dios y para el hombre
      Un mismo tiempo   170
Un mismo despeñarse
      Lahor[14]
      Río rojo barcas negras
Entre dos tamarindos una niña descalza
Y su mirar sin tiempo   175
      Un latido idéntico
Muerte y nacimiento

---

[12] Anima mundi: (Latin) soul of the world.
[13] En . . . mundo: The great god Shiva (Mahadeva) and Parvati, his consort, live on Mount Kailasa, in the Himalayas. [Note of O. P.]
[14] Lahor: the city of Lahore in Pakistan.

Entre el cielo y la tierra suspendidos
Unos cuantos álamos
Vibrar de luz más que vaivén de hojas   180
                              ¿Suben o bajan?
El presente es perpetuo
                    Llueve sobre mi infancia
Llueve sobre el jardín de la fiebre
Flores de sílex árboles de humo   185
En una hoja de higuera tú navegas[15]
Por mi frente
              La lluvia no te moja
Eres la llama de agua
                    La gota diáfana de fuego   190
Derramada sobre mis párpados
Yo veo a través de mis actos irreales
El mismo día que comienza
                    Gira el espacio
Arranca sus raíces el mundo   195
No pesan más que el alba nuestros cuerpos
                              Tendidos

[15] En . . . navegas: allusion to the fairy tale *Almendrita*. [Note of O. P.]

Custodia[1]

El nombre
Sus sombras
El hombre   La hembra
El mazo   El gong
La i   La o   5
La torre   El aljibe
El índice   La hora
El hueso   La rosa
El rocío   La huesa
El venero   La llama   10
El tizón   La noche
El río   La ciudad
La quilla   El ancla
El hembro   La hombra
El hombre   15
Su cuerpo de nombres
Tu nombre en mi nombre En tu nombre mi nombre
Uno frente al otro uno contra el otro uno en torno al otro
El uno en el otro
Sin nombres   20

[1] *Custodia:* The monstrance is an open or transparent vessel of gold or silver in which the consecrated Host is exposed to public veneration during the Catholic liturgy. Paz considers this poem to be a combination of verbal poetry and plastic experimentation.

Domingo en la Isla de Elefanta[1]

IMPRECACIÓN

Al pie de las sublimes esculturas,
Desfiguradas por los musulmanes y los portugueses,
La multitud ha dejado un *picnic* de basura
Para los cuervos y los perros.
Yo la condeno a renacer cien veces   5
En un muladar,
            Como a los otros,
Por eones, en carne viva han de tallarlos
En el infierno de los mutiladores de estatuas.

INVOCACIÓN

Shiva y Parvati[2]:   10
            Los adoramos
No como a dioses,
            Como a imágenes
De la divinidad de los hombres.

[1] *Domingo en la Isla de Elefanta:* The sculptures in the shivaite caves of
Elefanta (executed in the seventh century) are among the most beautiful of
Indian art. The reliefs portray scenes from the legend of Shiva and Parvati.
The religious zeal of the Portuguese affronted but did not destroy the beauty
of the sculptures. [Note of O. P.] Paz visited the Isle of Elefanta before
leaving India in 1968.

[2] Shiva y Parvati: "Shiva and his consort with the many names—Kali,
Durga, Parvati, Chandi, Chamunda, Uma, Sati, etc.—are regarded as the
primeval twofold personalization of the Absolute. They are the first and
primal unfolding of the neuter Brahman into the opposites of the male and
female principles. The literary religious tradition of the Tantra represents
an unending dialogue between these two, each alternately teaching and ask-
ing questions of the other." Heinrich Zimmer, *Myths and Symbols in In-
dian Art and Civilization* (New York: Harper & Row Publishers, Inc.,
1962), p. 197.

Ustedes son lo que el hombre hace y no es,   15
Lo que el hombre ha de ser
Cuando pague la condena del quehacer.
Shiva:
    Tus cuatro brazos son cuatro ríos,
Cuatro surtidores.   20
    Todo tu ser es una fuente
Y en ella se baña la linda Parvati[3],
En ella se mece como una barca graciosa.
El mar palpita bajo el sol:
Son los gruesos labios de Shiva que sonríe;   25
El mar es una larga llamarada:
Son los pasos de Parvati sobre las aguas.
Shiva y Parvati:
    La mujer que es mi mujer
Y yo,   30
    Nada les pedimos, nada
Que sea del otro mundo:
        Sólo
La luz sobre el mar,
La luz descalza sobre el mar y la tierra dormidos.   35

---

[3] Parvati: "She has her living counterpart in every woman, as the God in
every man." *Ibid.*, p. 140.

PREGUNTAS

Himno entre ruinas

1. ¿Por qué "Himno entre ruinas"?
2. ¿Qué relación puede haber entre Teotihuacán, mencionado por el poeta, y Nápoles, donde fue escrito el poema?
3. ¿Cómo es el mediodía que describe Paz?
4. ¿De qué manera introduce el poeta la noche y el ambiente invernal en el poema?
5. ¿Cuál es su interrogante básica?
6. ¿Por qué es el hombre un "árbol de imágenes"?

Piedra de sol

1. ¿Qué significa el título?
2. ¿A qué corresponde cada verso del poema?
3. ¿Cómo comienza y cómo termina "Piedra de sol"?
4. ¿Puede definirse este poema como una autobiografía amoroso-política?
5. ¿Qué personajes femeninos, reales y míticos, aparecen en el poema?
6. ¿Cuál es la importancia del amor?
7. ¿Cuál es la importancia de la política?
8. ¿Qué clase de personajes históricos mueren asesinados en "Piedra de sol"?
9. ¿A qué clase de hombres critica Paz?
10. ¿Cómo describe el poeta el tiempo?
11. Para el poeta, ¿qué es la vida?
12. ¿Tiene alguna relación "Piedra de sol" con la poesía prehispánica?
13. ¿Tiene un ritmo sostenido de principio a fin?
14. ¿Qué piensa usted del poema largo? ¿Es vigente hoy día o pertenece al pasado?

Movimiento

1. ¿Por qué "Movimiento"?
2. ¿Cuáles imágenes usa Paz para crear una atmósfera masculino-femenina?

Himachal Pradesh (2)
1. ¿Cuál es el modo poco común en que está escrito el poema?
2. Si lee el poema de un modo continuo, ¿qué resulta?
3. Si lo lee alternadamente, ¿qué pasa?

Viento entero
1. ¿Cuál es el viento entero?
2. Paz repite a menudo un verso en el poema. ¿Cuál es, y qué significa?
3. ¿A qué lugares pertenece el ambiente que describe?
4. ¿Qué sentimiento íntimo nos revela el poeta cuando habla en segunda persona?
5. ¿Qué significa la expresión "nos roemos los codos" (l. 56), y a propósito de qué lo dice?
6. ¿Es un poema amoroso "Viento entero"?
7. ¿Dónde está su originalidad?

Custodia
1. ¿Qué es una custodia?
2. ¿Por qué es este poema una experiencia plástico-verbal?
3. Explique cómo acaba el poema.

Domingo en la Isla de Elefanta
1. ¿Cómo está dividido el poema?
2. ¿Por qué es una imprecación?
3. ¿Por qué es una invocación?
4. ¿Qué representan Shiva y Parvati para el poeta y su mujer?

Nicanor Parra

Nicanor Parra, son of a school teacher, was born in Chillán, Chile, on September 5, 1914. After five years of study at the Pedagogical Institute of the University of Chile, Parra was granted, in 1938, the degree of Professor of Mathematics and Physics. His first book of poetry, which appeared in 1937 under the title *Cancionero sin nombre*, earned him the Municipal Prize and the praise of Gabriela Mistral, Chile's Nobel Prize-winning poetess, who publicly announced: "We have before us a poet who will become internationally famous." Parra taught in Chile's secondary school system for the next six years. In 1943, he made his first trip to the United States, where he studied advanced mechanics at Brown University. Three years later, Parra left the United States for Oxford to study cosmology.

In 1948, after an interval of eleven years, Parra published "La víbora," "La trampa," and "Los vicios del mundo moderno" in the literary magazine *Pro-Arte*, edited in Chile by Jorge Eliot. It was only with the publication in 1954 of the book *Poemas y antipoemas* that his name became known throughout the Latin American poetic world, and he rapidly acquired enthusiastic admirers and violent detractors. Pablo Neruda found the book to be "a delight of morning gold or a fruit devoured in darkness," and both the Municipal Prize and the Writers' Union Prize were now awarded to Parra. The importance of *Poemas y antipoemas* lies in its introduction of a new current into Spanish poetry: antipoetry—but perhaps it could be more aptly called antirhetorical, rather than antipoetical.

Avoiding a repetition of the long silence between *Cancionero sin nombre* and *Poemas y antipoemas,* Parra published *La cueca larga* in 1958, to celebrate the Chilean national dance, and two years later *Versos de salón* appeared (originally to have been called *Somersaults*).

Most recently, Parra has been teaching theoretical physics at the Pedagogical Institute in Santiago, while maintaining his residence in La Reina, at the foot of the Andes. In the past few years, he has traveled extensively throughout France, Sweden, Germany, Italy, Russia, China, and Mexico, and has been a visiting professor at several universities in the United States.

In 1969, his complete works were published in a single volume entitled *Obra gruesa,* which can be interpreted literally or architecturally (as referring to the structure or skeleton of a building). Parra is currently experimenting with a new form of writing, which he calls "artifacts," a kind of pop poetry, variously composed of found words and phrases, aphorisms, and even simple drawings.

The salient characteristics of Parra's poetry are his direct style, wit, and nimble use of everyday expressions. Some of his poems are written in a comic, episodic manner, such as the semiautobiographical "La víbora" or "Los recuerdos de juventud," which refers to memories of the juvenile lack of communication experienced by Parra himself. Others trace man's anthropological history—"Soliloquio del individuo"—or poeticize and parody the language of acts, geography textbooks, the political world, and the penal code—"Acta de independencia," and "Discurso del buen ladrón." Inherited language, whether written or spoken, remains the chief source of Parra's poetry.

Recuerdos de juventud

Lo cierto es que yo iba de un lado a otro;
A veces chocaba con los árboles,
Chocaba con los mendigos,
Me abría paso a través de un bosque de sillas y mesas,
Con el alma en un hilo veía caer las grandes hojas.   5
Pero todo era inútil,
Cada vez me hundía más y más en una especie de jalea;
La gente se reía de mis arrebatos,
Los individuos se agitaban en sus butacas como algas
    movidas por las olas
Y las mujeres me dirigían miradas de odio   10
Haciéndome subir, haciéndome bajar,
Haciéndome llorar y reír en contra de mi voluntad.

De todo esto resultó un sentimiento de asco,
Resultó una tempestad de frases incoherentes,
Amenazas, insultos, juramentos que no venían al caso,   15
Resultaron unos movimientos agotadores de caderas,
Aquellos bailes fúnebres
Que me dejaban sin respiración
Y que me impedían levantar cabeza durante días,
Durante noches.   20

Yo iba de un lado a otro, es verdad,
Mi alma flotaba en las calles
Pidiendo socorro, pidiendo un poco de ternura;
Con una hoja de papel y un lápiz yo entraba en los
    cementerios
Dispuesto a no dejarme engañar.   25

Daba vueltas y vueltas en torno al mismo asunto,
Observaba de cerca las cosas
O en un ataque de ira me arrancaba los cabellos.

De esa manera hice mi debut en las salas de clases,
Como un herido a bala me arrastré por los ateneos,   30
Crucé el umbral de las casas particulares,
Con el filo de la lengua traté de comunicarme con los
      espectadores:
Ellos leían el periódico
O desaparecían detrás de un taxi.

¡Adónde ir entonces!   35
A esas horas el comercio estaba cerrado;
Yo pensaba en un trozo de cebolla visto durante la cena
Y en el abismo que nos separa de los otros abismos.

La víbora

Durante largos años estuve condenado a adorar a una
    mujer despreciable
Sacrificarme por ella, sufrir humillaciones y burlas sin
    cuento,
Trabajar día y noche para alimentarla y vestirla,
Llevar a cabo algunos delitos, cometer algunas faltas,
A la luz de la luna realizar pequeños robos,   5
Falsificaciones de documentos comprometedores,
So pena de caer en descrédito ante sus ojos fascinantes.

En horas de comprensión solíamos concurrir a los parques
Y retratarnos juntos manejando una lancha a motor,
O nos íbamos a un café danzante   10
Donde nos entregábamos a un baile desenfrenado
Que se prolongaba hasta altas horas de la madrugada.

Largos años viví prisionero del encanto de aquella mujer
Que solía presentarse a mi oficina completamente desnuda
Ejecutando las contorsiones más difíciles de imaginar   15
Con el propósito de incorporar mi pobre alma a su órbita
Y, sobre todo, para extorsionarme hasta el último centavo.
Me prohibía estrictamente que me relacionase con mi
    familia.
Mis amigos eran separados de mí mediante libelos
    infamantes
Que la víbora hacía publicar en un diario de su
    propiedad.   20
Apasionada hasta el delirio no me daba un instante de
    tregua,

Exigiéndome perentoriamente que besara su boca
Y que contestase sin dilación sus necias preguntas
Varias de ellas referentes a la eternidad y a la vida futura
Temas que producían en mi un lamentable estado
    de ánimo,   25
Zumbidos de oídos, entrecortadas náuseas,
    desvanecimientos prematuros
Que ella sabía aprovechar con ese espíritu práctico que la
    caracterizaba
Para vestirse rápidamente sin pérdida de tiempo
Y abandonar mi departamento dejándome con un palmo
    de narices.

Esta situación se prolongó por más de cinco años.   30
Por temporadas vivíamos juntos en una pieza redonda
Que pagábamos a medias en un barrio de lujo cerca del
    cementerio.
(Algunas noches hubimos de interrumpir nuestra luna
    de miel
Para hacer frente a las ratas que se colaban por la
    ventana).

Llevaba la víbora un minucioso libro de cuentas   35
En el que anotaba hasta el más mínimo centavo que yo
    le pedía en préstamo;
No me permitía usar el cepillo de dientes que yo mismo
    le había regalado
Y me acusaba de haber arruinado su juventud:
Lanzando llamas por los ojos me emplazaba a comparecer
    ante el juez
Y pagarle dentro de un plazo prudente parte de la deuda   40
Pues ella necesitaba ese dinero para continuar sus estudios
Entonces hube de salir a la calle y vivir de la caridad
    pública,
Dormir en los bancos de las plazas,
Donde fui encontrado muchas veces moribundo por la
    policía
Entre las primeras hojas del otoño.   45

Felizmente aquel estado de cosas no pasó más adelante,
Porque cierta vez en que yo me encontraba en una plaza
    también
Posando frente a una cámara fotográfica
Unas deliciosas manos femeninas me vendaron de pronto
    la vista
Mientras una voz amada para mí me preguntaba quién
    soy yo.　　　　　　　　　　　　　　　　　　　50
Tú eres mi amor, respondí con serenidad.
¡Ángel mío, dijo ella nerviosamente,
Permite que me siente en tus rodillas una vez más!
Entonces pude percatarme de que ella se presentaba
    ahora provista de un pequeño taparrabos.
Fue un encuentro memorable, aunque lleno de notas dis-
    cordantes:　　　　　　　　　　　　　　　　55
Me he comprado una parcela, no lejos del matadero,
    exclamó,
Allí pienso construir una especie de pirámide
En la que podamos pasar los últimos días de nuestra vida.
Ya he terminado mis estudios, me he recibido de abogado,
Dispongo de un buen capital;　　　　　　　　　　60
Dediquémonos a un negocio productivo, los dos, amor
    mío, agregó,
Lejos del mundo construyamos nuestro nido.
Basta de sandeces, repliqué, tus planes me inspiran des-
    confianza,
Piensa que de un momento a otro mi verdadera mujer
Puede dejarnos a todos en la miseria más espantosa.　　65
Mis hijos han crecido ya, el tiempo ha transcurrido,
Me siento profundamente agotado, déjame reposar un
    instante,
Tráeme un poco de agua, mujer,
Consígueme algo de comer en alguna parte,
Estoy muerto de hambre,　　　　　　　　　　　　70
No puedo trabajar más para ti,
Todo ha terminado entre nosotros.

Soliloquio del individuo[1]

Yo soy el Individuo.
Primero viví en una roca
(Allí grabé algunas figuras).
Luego busqué un lugar más apropiado.
Yo soy el Individuo.   5
Primero tuve que procurarme alimentos,
Buscar peces, pájaros, buscar leña,
(Ya me preocuparía de los demás asuntos).
Hacer una fogata,
Leña, leña, dónde encontrar un poco de leña,   10
Algo de leña para hacer una fogata,
Yo soy el Individuo.
Al mismo tiempo me pregunté,
Fui a un abismo lleno de aire;
Me respondió una voz: 15
Yo soy el Individuo.
Después traté de cambiarme a otra roca,
Allí también grabé figuras,
Grabé un río, búfalos,
Grabé una serpiente   20
Yo soy el Individuo.
Pero no. Me aburrí de las cosas que hacía,
El fuego me molestaba,
Quería ver más,
Yo soy el Individuo.   25

---

[1] *Soliloquio del individuo:* "Soliloquy of the individual" is an illustration of the biological theory that ontogeny recapitulates phylogeny (i.e., that the development of the individual resembles the evolution of the species). Parra says that the poem was written from an anthropological point of view.

Bajé a un valle regado por un río,
Allí encontré lo que necesitaba,
Encontré un pueblo salvaje,
Una tribu,
Yo soy el Individuo.   30
Vi que allí se hacían algunas cosas,
Figuras grababan en las rocas,
Hacían fuego, ¡también hacían fuego!
Yo soy el Individuo.
Me preguntaron que de dónde venía.   35
Contesté que sí, que no tenía planes determinados,
Contesté que no, que de ahí en adelante.
Bien.
Tomé entonces un trozo de piedra que encontré en un río
Y empecé a trabajar con ella,   40
Empecé a pulirla,
De ella hice una parte de mi propia vida.
Pero esto es demasiado largo.
Corté unos árboles para navegar,
Buscaba peces,   45
Buscaba diferentes cosas,
(Yo soy el Individuo).
Hasta que me empecé a aburrir nuevamente.
Las tempestades aburren,
Los truenos, los relámpagos,   50
Yo soy el Individuo.
Bien. Me puse a pensar un poco,
Preguntas estúpidas se me venían a la cabeza.
Falsos problemas.
Entonces empecé a vagar por unos bosques.   55
Llegué a un árbol y a otro árbol,
Llegué a una fuente,
A una fosa en que se veían algunas ratas:
Aquí vengo yo, dije entonces,
¿Habéis visto por aquí una tribu,   60
Un pueblo salvaje que hace fuego?
De este modo me desplacé hacia el oeste
Acompañado por otros seres,
O más bien solo.

Para ver hay que creer, me decían,   65
Yo soy el Individuo.
Formas veía en la obscuridad,
Nubes tal vez,
Tal vez veía nubes, veía relámpagos,
A todo esto habían pasado ya varios días,   70
Yo me sentía morir;
Inventé unas máquinas,
Construí relojes,
Armas, vehículos,
Yo soy el Individuo.   75
Apenas tenía tiempo para enterrar a mis muertos,
Apenas tenía tiempo para sembrar,
Yo soy el Individuo.
Años más tarde concebí unas cosas,
Unas formas,   80
Crucé las fronteras
Y permanecí fijo en una especie de nicho,
En una barca que navegó cuarenta días,
Cuarenta noches,
Yo soy el Individuo.   85
Luego vinieron unas sequías,
Vinieron unas guerras,
Tipos de color entraron al valle,
Pero yo debía seguir adelante,
Debía producir.   90
Produje ciencia, verdades inmutables,
Produje tanagras²,
Di a luz libros de miles de páginas,
Se me hinchó la cara,
Construí un fonógrafo,   95
La máquina de coser,
Empezaron a aparecer los primeros automóviles,
Yo soy el Individuo.

---

² tanagras: terra cotta figurines from the village of Tanagra in Greece.

Alguien segregaba planetas,
¡Arboles segregaba!   100
Pero yo segregaba herramientas,
Muebles, útiles de escritorio,
Yo soy el Individuo.
Se construyeron también ciudades,
Rutas,   105
Instituciones religiosas pasaron de moda,
Buscaban dicha, buscaban felicidad,
Yo soy el Individuo.
Después me dediqué mejor a viajar,
A practicar, a practicar idiomas,   110
Idiomas,
Yo soy el Individuo.
Miré por una cerradura,
Sí, miré, qué digo, miré,
Para salir de la duda miré,   115
Detrás de unas cortinas,
Yo soy el Individuo.
Bien.
Mejor es tal vez que vuelva a ese valle,
A esa roca que me sirvió de hogar,   120
Y empiece a grabar de nuevo,
De atrás para adelante grabar
El mundo al revés.
Pero no: la vida no tiene sentido³.

---

³ la . . . sentido: In the Russian translation of this poem, the word
no in *la vida no tiene sentido* is suppressed.

Acta de independencia

Independientemente
De los designios de la Iglesia Católica
Me declaro país independiente.

A los cuarentaynueve años de edad
Un ciudadano tiene perfecto derecho   5
A rebelarse contra la Iglesia Católica.

Que me trague la tierra si miento.

La verdad es que me siento feliz
A la sombra de estos aromos en flor
Hechos a la medida de mi cuerpo.   10

Extraordinariamente feliz
A la luz de estas mariposas fosforescentes
Que parecen cortadas con tijeras
Hechas a la medida de mi alma.

Que me perdone el Comité Central [1].   15

En Santiago de Chile
A veintinueve de noviembre
Del año mil novecientos sesenta y tres:

Plenamente consciente de mis actos.

_____
[1] Comité Central: Central Committee of the Communist Party.

Discurso del buen ladrón

Acuérdate de mí cuando estés en tu reino
Nómbrame Presidente del Senado
Nómbrame Director del Presupuesto
Nómbrame Contralor General de la República.

Acuérdate de la corona de espinas   5
Hazme Cónsul de Chile en Estocolmo
Nómbrame Director de Ferrocarriles
Nómbrame Comandante en Jefe del Ejército.

Acepto cualquier cargo
Conservador de Bienes Raíces   10
Director General de Bibliotecas
Director de Correos y Telégrafos.

Jefe de Vialidad [1]
Visitador de Parques y Jardines
Intendente de la Provincia de Ñuble[2].   15

Nómbrame Director del Zoológico.
Gloria al Padre
          Gloria al Hijo
                    Gloria al Espíritu Santo[3]
Nómbrame Embajador en cualquier parte   20

---

[1] Jefe de Vialidad: Minister of Transportation.
[2] Intendente . . . Ñuble: governor of Parra's native province.
[3] Gloria . . . Santo: allusion to the Christian Democratic Party of Chile.

Nómbrame Capitán del Colo-Colo[4]
Nómbrame si te place
Presidente del Cuerpo de Bomberos.

Hazme Rector del Liceo de Ancud [5].

En el peor de los casos   25
Nombrame Director del Cementerio

[4] Colo-Colo: the name of a popular Chilean soccer team; it is also the name of a bird celebrated in Araucana mythology.
[5] Ancud: a forgotten city at the southern tip of Chile.

Mil novecientos treinta[1]

Mil novecientos treinta. Aquí empieza una época
Con el incendio del dirigible R101 que se precipita a
    tierra
Envuelto en negras ráfagas de humo
Y en llamas que se ven desde el otro lado del Canal
Yo no ofrezco nada especial, yo no formulo hipótesis   5
Yo sólo soy una cámara fotográfica que se pasea por el
    desierto
Soy una alfombra que vuela
Un registro de fechas y de hechos dispersos
Una máquina que produce tantos o cuantos botones por
    minuto.

Primero indico los cadáveres de Andree y de sus infor-
    tunados compañeros   10
Que permanecieron ocultos en la nieve septentrional
    durante medio siglo
Para ser descubiertos un día del año mil novecientos
    treinta
Año en que yo me sitúo y soy en cierto modo situado
Señalo el lugar preciso en que fueron dominados por la
    tormenta
He ahí el trineo que los condujo a los brazos de la muerte 15
Y el bote lleno de documentos científicos
De instrumentos de observación
Lleno de comestibles y de un sinnúmero de placas foto-
    gráficas

<hr>

[1] *Mil novecientos treinta:* The poem is based on information contained in
an almanac for the year 1930.

En seguida me remonto a uno de los picos más altos del
  Himalaya
Al Kanchetunga, y miro con escepticismo la brigada inter-
  nacional   20
Que intenta escalarlo y descifrar sus misterios
Veo cómo el viento los rechaza varias veces al punto de
  partida
Hasta sembrar en ellos la desesperación y la locura
Veo a algunos de ellos resbalar y caer al abismo
Y a otros veo luchar entre sí por unas latas de conserva.   25

Pero no todo lo que veo se reduce a fuerzas expedi-
  cionarias:
Yo soy un museo rodante
Una enciclopedia que se abre paso a través de las olas
Registro todos y cada uno de los actos humanos
Basta que algo suceda en algún punto del globo   30
Para que una parte de mí mismo se ponga en marcha
En eso consiste mi oficio
Concedo la misma atención a un crimen que a un acto de
  piedad
Vibro de la misma manera frente a un paisaje idílico
Que ante los rayos espasmódicos de una tempestad
  eléctrica   35
Yo no disminuyo ni exalto nada.
Me limito a narrar lo que veo.

Veo a Mahatma Gandhi dirigir personalmente
Las demostraciones públicas en contra de la Ley de la Sal
Veo al Papa y a sus Cardenales congestionados por la ira   40
Fuera de sí, como poseídos por un espíritu diabólico
Condenar las persecuciones religiosas de la Rusia soviética
Y veo al príncipe Carol volver en aeroplano a Bucarest
Miles de terroristas croatas y eslovenos son ejecutados en
  masa a mis espaldas
Yo dejo hacer, dejo pasar   45
Dejo que se les asesine tranquilamente
Y dejo que el general Carmona se pegue como lapa al
  trono del Portugal.

Esto fue y esto es lo que fue el año mil novecientos treinta
Así fueron exterminados los kulaks de la Siberia
De este modo el general Chang cruzó el río Amarillo y
se apoderó de Peking.   50
De ésta y no de otra manera se cumplen las predicciones
de los astrólogos
Al ritmo de la máquina de coser de mi pobre madre viuda
Y al ritmo de la lluvia, al ritmo de mis propios pies
descalzos
Y de mis hermanos que se rascan y hablan en sueños.

PREGUNTAS

Recuerdos de juventud

1. ¿Cómo expresa Parra la incomunicación juvenil?
2. ¿Hay un conflicto sicológico en el poema?
3. ¿Manifiesta el poeta un choque entre los deseos y las acciones de un joven con el ambiente que lo rodea?
4. ¿Qué busca el protagonista?

La víbora

1. ¿Es autobiográfico este poema?
2. ¿Qué carácter revela el narrador del poema?
3. ¿Cómo es el carácter de la mujer?
4. ¿Es necesario para su historia el lenguaje sentimental que utiliza Parra?
5. ¿Es humorística o dramática la historia?

Soliloquio del individuo

1. ¿Qué significa el título?
2. ¿Es el poema antropológico?
3. ¿Cree usted que la historia del Individuo reproduce la de la especie?
4. ¿Cómo evoluciona el Individuo hacia formas superiores de vida?
5. ¿Está satisfecho el Individuo alguna vez con lo que hace?
6. ¿Qué cree que descubrió el Individuo cuando miró por la cerradura?
7. ¿Qué piensa del último verso?

Acta de independencia

1. ¿Contra qué tutelaje declara el poeta su acta de independencia?
2. ¿Qué lenguaje parodia Parra en su poema?

Discurso del buen ladrón

1. ¿Por qué "buen ladrón"?
2. ¿Cuáles palabras de los Evangelios recuerda el poema?
3. ¿De qué modo va descendiendo en sus pretensiones el solicitante de un empleo público?
4. ¿Qué termina pidiendo?

Mil novecientos treinta

1. ¿Cómo utiliza Parra el método periodístico?

2. ¿De dónde han sido tomados los hechos que menciona en el poema?

3. ¿Cuál es su conclusión de lo que pasó en el año mil novecientos treinta?

Vocabulary

abajo below
abandonar to leave
abanico fan
abarcar to include, contain; to comprise
abatido dejected; discouraged
abeja bee
abiertamente frankly, openly
abismarse to feel deeply; to plunge into an abyss
abismo abyss; gulf
abogado lawyer
abotonar to button
abrasado burnt
abrazar to embrace
abrazo hug, embrace
abril April
abrir to open; abrirse to burst open; abrirse paso to make way; to clear the way
absorto absorbed
abundancia abundance
aburrir to bore; aburrirse to get bored
acabar to finish, end; acabar de + inf to have just
acariciar to caress
acaso perhaps
aceitar to oil; to rub with oil
aceite m oil
acento accent
acercar to move near; acercarse to draw near, approach
acero steel
aciago unfortunate, sad, fateful
aclarar to make clear; to explain
acodado leaning on the elbow
acomodar to arrange
acompañado accompanied

acongojarse to become sad; to grieve
aconsejar to advise
acontecer to happen
acontecimiento event, happening
acordarse to remember
acostado stretched out
acostarse to go to bed
acostumbrado accustomed, usual, used
acostumbrarse to get used, become accustomed
acta act, record
acto act, action; en el acto at once
actualidad present time
actuar to behave, act
acudir to go, come, approach
acumular to accumulate
acuoso watery, aqueous
acusar to accuse
adamantino adamantine, diamond-hard
adentro within, inside
adivinar to divine, guess; to foretell
adorar to adore, worship
adormecedor soporific, sleep-inducing
adulterio adultery
adúltero adulterer
afecto affection, fondness
afectuoso affectionate
afianzar to make fast
afiebrado feverish
afilado sharp, keen
afirmar to assert, affirm
afligir to afflict, cause pain
aflojarse to loosen; to weaken
afuera outside

agacharse to stoop, squat, cower
agarrar to grasp, seize
ágata agate
agitar to shake; **agitarse** to flutter
agonizar to agonize, be dying
agosto August
agotador exhausting
agotar to exhaust, use up
agregar to add
agricultura farming
agrio sour; rough (of a surface)
agua: agua dulce fresh water;
  aguas arriba upstream
aguacero heavy shower, downpour
aguardar to wait (for)
agudo sharp; lively
águila eagle
aguja needle
ahí: de ahí en adelante henceforth,
  from now on
ahogarse to drown; to be suffocated
ahondar to go deep into; to pene-
  trate
ahuecarse to swell, put on airs
airado angry, wrathful
aislado isolated
ajar to crumple, rumple
ajedrez m chess
ajeno another's; foreign
ajustar to adjust, fit
ala wing
alabar to praise
alambrada wire fence
alambre m wire
álamo poplar
alargarse to become longer
alazán sorrel-colored
alba dawn
albedrío will; free will
alcázar m castle; fortress
aldea village
alegre gay
alegría joy
alejarse to draw or move away; to
  recede
alero eaves
alfabeto alphabet
alfil m bishop in chess
alfombra carpet
alga alga, seaweed

algarabía din, clamor
alhaja jewel, gem
alhelí m gillyflower
alimentar to feed
alimento nourishment, food
aljibe m cistern; pool
alma soul
almeja clam
almendra almond
almirante m admiral
almorzar to lunch
almuerzo lunch
alocar to drive (someone) crazy
alondra lark
alrededores mpl environs
alto top
alto high; elevated; tall; difficult;
  lofty; **altas horas** late hours
altura height
alumbrar to illuminate, light
alzar to raise
allá: más allá farther; más allá de
  beyond; el más allá the beyond
allanar to level
amanecer m dawn, daybreak; to
  dawn; to be or appear at daybreak
amante mf lover
amapola poppy
amargo bitter
amargura bitterness
amarillo yellow
amarra cable; rope
ámbar m amber
ámbito compass, scope; limit
amenaza threat
amenazado menaced
amenazador menacing, threatening
amistad f friendship
amo master
amor m love; mpl love affairs
amoroso affectionate, loving
anaranjado orange-colored
ancla anchor
anclar to anchor
ancho wide, broad
andar m gait, pace; to walk; to go,
  move; **andar en** to be engaged in
anegarse to drown; to be flooded
anfiteatro amphitheater
angustia anguish

anidar to nest
anillo ring
animado lively, animated
ánimo spirit, soul
aniquilado annihilated
anís *m* anise
anochecer to grow dark (at night-
 fall); to reach somewhere at night-
 fall
anotar to note down
ansia anxiety
antaño long ago; yore
ante before; in the presence of
anteojos *mpl* eyeglasses, spectacles
anterior former
antes before; formerly
antiguo old, ancient
antípoda antipodal, directly oppo-
 site
anular to annul, make void
anverso obverse (of coin, medal)
añicos: hacer añicos to break to
 smithereens
apacible peaceful, placid
apagar to put out, extinguish; to
 efface; apagarse to go out, die
 out
aparecer to appear
aparición *f* apparition
apariencia appearance
apasionado passionate, impassioned
apenas scarcely, hardly
Apeninos Apennines
apio celery
apodar to give a nickname to
apoderarse to take over; to take
 possession
apogeo apogee; height (of fame)
apoyarse to lean, rest on
aprendiz *m* apprentice
apretar to press down
aprisionado imprisoned
apropiado appropriate, suitable
aprovechar to make use of, take
 advantage of
aqueso that
aquí: por aquí hereabouts
arado plow
araña spider
arboleda grove

arcada arcade
arcano arcanum, secret meaning
arco arch
arder to burn
ardiente burning; passionate; fiery
ardilla squirrel
arduo arduous, difficult
arena sand
argentino silvery
arisco shy
arma weapon
armar to arm
armario cabinet; closet
aromo aromatic myrrh tree
arpa harp
arquear to arch
arquetipo archetype
arrabal *m* suburb
arrancar to tear out, pull out
arrastrar to drag along; arrastrarse
 to crawl
arrear to drive (as cattle)
arrebatado snatched away, carried
 off
arrebato moment of rapture
arrecife *m* reef
arremeter to assail, attack
arriba above, on high; para arriba
 upwards
arrodillarse to kneel down
arrojado thrown, cast
arroyo brook, small stream
arruga wrinkle
arrugar to wrinkle
arruinar to ruin
arrullar to lull
articulación *f* pronunciation; artic-
 ulation
articulado articulated sound
artificio artifice; trick
ascensor *m* elevator
asco nausea, loathing
asear to clean
asediar to besiege
asesinar to assassinate
asilar to shelter
asno donkey, ass
asombro amazement, wonder
áspero rough; gruff
aspirar to inhale

astro   heavenly body
astrólogo   astrologer
asunto   matter; affair
asustar   to frighten; asustarse   to become frightened
atajo   short cut
ataque *m*   attack; fit
atar   to tie, bind
atardecer *m*   evening
atareado   busy
ataúd *m*   coffin
atemorizar   to frighten
ateneo   atheneum, literary club
aterido   stiff with cold
atleta *m*   athlete
atollar   to stick in the mud; to get stuck
atormentado   tormented
atraer   to attract
atrás   backward, back
atravesar   to cross, go through; to pierce
atreverse   to dare
atroz   atrocious, dreadful
aturdido   bewildered, amazed; stunned
aullar   to howl
aun   even
aún   still, yet; más aún   still more; furthermore
aurora   dawn
auscultar   to auscultate
ausente   absent
avanzar   to advance
ave *f*   bird; fowl
aviador *m*   aviator
avisar   to inform, announce
ay *m*   moan, lament; *interj* oh!, alas!; ay de   woe to, woe is
ayer *m*   yesterday
ayudar   to help
ayuntado   joined
azafrán *m*   saffron
azahar *m*   orange or lemon blossom
azar *m*   chance
azotado   whipped
azote *m*   lashing
azúcar *m*   sugar
azucena   white lily
azufre *m*   sulphur

bahía   bay
bailar   to dance
bailarina   dancer
baile *m*   dance
bajar   to descend; to lower; to let down
bajo   under, beneath
bala   bullet, shot
balada   ballad
balanza   scale
balazo   shot; bullet wound
balcón *m*   balcony
banco   bench; bank
bandera   flag, banner
bañar   to bathe
barajar   to shuffle (cards)
baranda   railing
barato   cheap
barba   beard
bárbaro   barbarian
barca   boat, bark
barcaza   barge
barco   boat, ship
barranco   ravine
barrer   to sweep
barrica   cask, barrel
barriga   belly
barrio   neighborhood; area
barro   clay
bastar   to suffice; to be enough
bastón *m*   cane
basura   garbage, refuse
batalla   battle
batelero   boatman
batirse   to fight; to duel
bazar *m*   bazaar, market place
bendecir   to bless; to consecrate
bendito   blessed
benéfico   beneficial
bermejo   bright reddish
besar   to kiss
biblioteca   library
bien *m*   good, benefit; *adv* well; bienes raíces *mpl* real estate; o bien   or else
bienamado   dearly beloved
bifurcarse   to branch off; to divide in two
blanco   white
blasfemar   to blaspheme; to curse

boca mouth
bodega cellar; storeroom; hold of a ship
bogar to row
bonete *m* bonnet, cap
boleto ticket
bombero fireman
bordar to embroider
borde *m* border, edge; **al borde** on the brink
borracho drunk
borrar to erase, obliterate
borroso blurred; muddy
bosque *m* woods, forest
bostezar to yawn
bostezo yawn
bote *m* can, canister
botella bottle
botón m button
brasa live coal
brasero coal brazier
brazo arm
brigada brigade
brillar to shine
brillo brightness, shine
brisa breeze
bronce *m* bronze
brotar to bud; to issue, appear
bruma mist, fog
bruñido burnished, polished
brusco sudden; rough
bruto brutal; rough
búfalo buffalo
bufanda muffler, scarf
buitre *m* vulture
bulla bustle
buque *m* vessel, ship; **buque de carga** freighter
burgo neighborhood; borough
burla sneer; joke
burro ass, donkey
busca search; pursuit
buscar to seek, look for

cabal exact; perfect
cabalista *m* kabbalist
caballero gentleman
caballo horse; knight in chess; **a caballo** on horseback

cabecera head (of bed)
cabellera hair
cabello hair
caber to fit
cabeza head; top
cabina cabin
cabo end; **al cabo** at the end
cabra goat
cada: a cada rato at every moment, every little while
cadalso scaffold
cadena chain; **cadena perpetua** life imprisonment
cadera hip
caer to fall
cafetera coffee pot
caída fall
caja box; cavity
cajón *m* drawer
calcárido calcareous
caldeado heated, hot
caliente warm, hot
calma: con calma calmly, quietly
calor *m* heat
calvo bald
calzoncillos *mpl* drawers, shorts
callar to be silent
calle *f* street
cama bed
cámara chamber; camera
cambiante changing
cambiar to change; to exchange
cambio: en cambio on the other hand
camino road; path
camisa shirt; chemise
campana bell
campanada stroke of a bell
campanario belfry
campo country; field; space
cana gray hair
canal *m* channel
canario canary
candor *m* frankness
cansar to tire; **cansarse** to become tired or weary
cántaro pitcher; jar
cántico canticle
cantidad quantity
cantil *m* steep rock

canto singing; chant; song
cantor *m* singer; *adj* singing
caña sugar cane
caoba mahogany
capital *m* capital; estate
capitán *m* captain
caprino goatish, goatlike
cara face; **de cara** facing
caracol *m* snail
caracterizar to characterize, distinguish
carajo damn
carbón *m* coal; charcoal
carcajada burst of laughter
cárcel *f* jail
cardenal *m* cardinal (ecclesiastical)
cárdeno livid
cardinal cardinal (point)
carga freight
cargado laden, full
cargo post, office
caricia caress
caridad charity
cariño love, fondness, affection
carne *f* flesh; meat; **en carne viva**
  raw, with the flesh exposed
carnicería butcher shop
carnicero bloodthirsty
carnívoro carnivorous
carpeta table cover
carpintero carpenter
carreta tumbrel
carta letter
Cartago Carthage
cartera wallet
casa house; **en casa** at home
casarse to marry
cascada waterfall
cáscara shell, hull
casi almost
caso case; **no venir al caso** to be
  irrelevant
castaño chestnut tree
castidad *f* chastity
castigo punishment
castillo castle
castrar to castrate
catafalco cenotaph, catafalque
catedral *f* cathedral
categórico categorical

catre *m* cot
cautivo captive
cavar to dig, excavate
caverna cave, cavern
cavilar to cavil, raise objections
cebolla onion
ceder to yield
cedro cedar
celda cell
célebre famous
celeste heavenly
celestial heavenly
celosía Venetian blind; lattice
célula cell
cementerio cemetery
cena supper
ceniciento ashy, ash-colored
cenit *m* zenith
ceniza ashes
centavo cent
centellear to glitter
ceñir to surround, girdle
cepillo: **cepillo de dientes** toothbrush
cera wax
cerca: **de cerca** closely
cerdo hog
cerilla wax match
cerradura lock; keyhole
cerrar to close, shut
cesar to stop, cease
cesta basket
ciclo cycle
ciego blind
cielo sky; heaven
ciencia science
científico scientific
ciertamente certainly, surely
cierto: **lo cierto es que** the fact is
  that
cifra number; code
cifrar to abridge, condense; to
  make a compendium
cigarrillo cigarette
cigarro cigarette, cigar
cima summit, peak
cimiento foundation; root
cinema *m* movie theater; movies
cinematógrafo movie house
cintura waist; girdle, belt

ciprés *m* cypress
circular to circulate
cisne *m* swan
ciudad *f* city
ciudadano citizen
clamar to clamor, vociferate
claridad *f* brightness, light
clarinete *m* clarinet
claro interval; clearing; *adj* clear;
   bright; *interj* of course
clavar to nail
clave *f* key of a code
clavel *m* carnation
clavo nail
clima *m* climate
cobre *m* copper
cocina kitchen
cocinera cook
cocodrilo crocodile
cocotero coconut tree
codo elbow
coger to catch; to seize; to gather
cogollo top, summit
cojo lame person, cripple
colarse to pass through; to steal in
colcha coverlet, bedspread
colchón *m* mattress
colegio school
colérico angry
colgar to hang, hang up
colibrí *m* hummingbird
colina hill
colmado (de) full (of), filled (with)
color: de color colored
colorado ruddy; red
collar *m* necklace
comandante *m* commander
comarca territory, region
combatiente *m* combatant, fighter
combatir to fight; to struggle
comedor *m* dining room
comenzar to begin
comer to eat; comerse to eat up
comerciante *m* merchant
comercio commerce, communica-
   tion; business
comestibles *mpl* foodstuffs, provi-
   sions
cometa *m* comet
cometer to commit; to perpetuate

comida meal
comienzo beginning, start
compañero companion, comrade
comparecer to appear (in court)
compartir to share
complacerse (en) to be pleased
   (with), to take pleasure (in)
complementario complementary
completo: por completo completely
componerse to form a composite;
   to deck oneself out
comprar to buy
comprensión *f* understanding
comprometedor compromising
compuerta lock, floodgate
común common
comunicarse to communicate; to
   connect
concebir to conceive
conceder to give, grant
conciencia conscience; conscious-
   ness
concordancia harmony
concurrir to attend, frequent
concha shell
condena sentence, term of impris-
   onment
condenar to condemn; to sentence
conducir to carry; to direct, lead
confín *m* confine, limit
confundir to confuse; to jumble
congelar to freeze
congestionado congested
conjunción *f* conjunction, union
consagración *f* consecration
consagrar to consecrate
consciente conscious; aware
conseguir to get
conserva canned food; en conserva
   canned, preserved
conservador *m* conservator
considerar to consider, think over
consigna countersign, signal
consistir en to be a matter of, con-
   sist in
conspirador *m* conspirator, plotter
constancia constancy, perseverance
constructor *m* builder
construir to build, construct
consuelo consolation, solace

consumir to consume; to destroy; **consumirse** to be used up, exhausted
contado few
contar to count; to tell, relate
contenerse to contain oneself, refrain
contenido contents
contestar to answer
contorsión *f* contortion
contra: en contra de against
contralor *m* comptroller
contrario opposite
converger to converge, come together
convertir to change; to transform
copa cup, goblet, wineglass
copra dried kernel of the coconut
coraje *m* courage
corazón *m* heart
cordero lamb
cordillera mountain range
cordura prudence, sanity
corola corolla
corona crown
coronar to crown
corral *m* corral; yard
corredor *m* corridor
correo post office
correr to run; to flow
corsé *m* corset
cortar to cut
cortina curtain
cortinaje *m* curtains, hangings
corto short
cosa thing; **otra cosa** something else
cosechar to harvest
coser to sew
cosquilloso ticklish
costa coast, shore
costado side
costra crust, scab
costumbre *f* custom; habit
costurera seamstress
cotidiano daily, everyday, ordinary
craneano cranial
crear to create
crecer to grow; to increase

creer to believe; to think
crepitación *f* crackling
crepúsculo crepuscule, twilight; dawn; dusk
crespo crisp
cría offspring
criada maid
criatura creature; child; being
crimen *m* crime
cristal *m* windowpane; crystal
croata *nf* Croatian
crucificar to crucify
crujir to creak
cruz *f* cross; **Cruz Roja** Red Cross
cruzar to cross
cuadrifronte four-sided
cual which
cuán how
cuando when; **de cuando en cuando** once in a while, now and then
cuantitativo quantitative
cuanto as much as, all the, whatever; **cuantos** all the; **unos cuantos** a few
cuarto room
cuchara spoon
cuchillo knife
cuello neck; collar
cuento: sin cuento countless
cuerda cord, string
cuero leather
cuerpo body; corps
cuervo crow
cuidado care; fear; *interj* look out, take care
cuidar to take care of, execute with care
cuita care, trouble
culpa guilt
cumbre *f* peak, summit
cumpleaños *m* birthday
cumplir to fulfill; **cumplirse** to be fulfilled or completed
cuna cradle
cuñado brother-in-law
cura *m* parish priest
custodia monstrance; safe-keeping; guardian

chacal *m* jackal
chaleco vest
chapoteo lapping (of water)
chaqueta jacket
charco puddle
chillar to screech; to imitate the notes of birds
chinche *mf* bedbug
chispa spark
chistera *coll* top hat
chocar (**con**) to collide (with)
chofer *m* chauffeur, driver
chopo black poplar tree
choque *m* crash, collision
chorro jet, spurt; stream

danés *m* Dane
danzante dancing
daño damage, harm; **hacer daño** to harm
dar to give; to strike (the hour); **dar a** to open on; **dar a luz** to give birth; **dar con** to come upon; **dar en** to persist in; to fall into (as an error); **dar gritos** to shout; **dar muerte** to kill; **dar pasos** to take steps; **dar un abrazo** to embrace; **dar un rodeo** to take a roundabout course; **dar voces** to call out or scream; **dar vueltas y vueltas** to turn over and over
dardo dart
dátil *m* date
deber *m* duty, obligation; to have to, must, ought
decir to tell, say; **se dirá** they will say, it will be said
declamar to declaim; to recite
declarar to declare
declinar to decline; to descend
declive *m* slope
dedicarse to devote oneself
dedo finger; **dedo grande** thumb
definido defined; established; definite
definitivamente definitively
definitivo: en definitiva in conclusion

degollar to behead, decapitate
dejar to leave, abandon; to let; to allow; **dejar de ser** to cease to be
delantero foremost, first
delgado thin; slender
delicioso delightful
delirante delirious
delirar to be delirious; to rave
delirio delirium
delito crime
demás: los demás the others
demasiado too, excessive; too much
demorar to delay; to be long (in arriving)
densamente closely, densely
denso dense, thick
dentadura denture
deparar to offer, afford
departamento apartment
derecho right; *adv* straight
deriva: a la deriva drifting
derramar to pour out, spill; **derramarse** to overflow
derribar to throw down; to fell; to tear down
derretirse to melt
derrumbarse to collapse, cave in
desagravio compensation; vindication
desamparo abandonment; helplessness
desangrar to drain of blood
desaparecer to disappear
desarbolar to strip a ship of masts
desarraigar to uproot
desarrollar to develop; to unfold
desarrollo development
desastre *m* disaster
desayunar to breakfast
desbocarse to run away
desbordar to overflow
descalzar to remove shoes and stockings
descalzo barefoot
descansar to rest
descanso rest
descifrar to decipher
desclavar to draw out the nails from

descolgar to take down; to descend
descolorido discolored; faded
desconfianza distrust
desconocido unknown person, stranger
descrédito discredit
descubrir to discover, find
descuido carelessness, absentmindedness
desdén *m* disdain, scorn
desdibujar to draw badly or confusedly
desdicha misfortune
desdichado unfortunate; wretched
desembarcar to disembark
desembocar to empty (as a river)
desenfrenado unbridled, wild
desenrollar to unroll, unwind
desenterrar to dig up
deseo desire, wish
desesperación *f* despair, desperation
desfallecer to grow weak; to faint
desfigurado disfigured
desfiladero defile, narrow passage
desgarrarse to be broken up
desgastar to wear away; to corrode
desgracia misfortune; disgrace
desgraciadamente unfortunately
desgraciado unfortunate; luckless
desgranarse to shed grains; to wear away
deshacerse to disintegrate
deshora unseasonable or inconvenient time
desierto desert
designar to designate, name
designio design, purpose, intention
deslizar to slip; to slide; **deslizarse** to evade
deslumbramiento glare, dazzle
deslumbrante dazzling
desmantelado dismantled; abandoned
desmesurado excessive, disproportionate
desmoronarse to crumble
desnudar to undress, strip
desnudez *f* nudity, nakedness
desnudo naked, bare

desolado desolate; disconsolate
desollar to flay
desordenado disorderly, careless
despacio slowly
despedirse (**de**) to say goodbye (to)
despegar to unglue, separate
despeñar to precipitate, to fling down a precipice
despertar to awaken
desplazar to displace
desplumar to pluck (a bird)
despoblar to depopulate; to despoil
despojarse to divest oneself; to take off
despreciable contemptible, despicable
desprender to unfasten, loosen
destazado cut up (like a carcass)
destejer to unweave, unravel
desterrado exile, outcast
destierro exile, banishment
destino destiny, fate
destrenzarse to unbraid
destrozar to destroy
destruir to destroy
desvanarse to unwind
desvanecer to disintegrate; **desvanecerse** to disappear
desvanecimiento dizziness
desvarío delirium; whim; extravagancy
desvelo want of sleep; watchfulness
desventura misfortune
desventurado unfortunate, wretched
desvivir to take away life
detener to stop, detain; to check; **detenerse** to stop
determinación *f* resolution
determinado fixed; definite
deuda debt
deudo relative, kindred
devastar to lay waste, ruin
devoción *f* prayer
devorado devoured
día *m* day; **al día** by the day; a **los ocho días de su madre** a week after his mother; **de día** by day, in the daytime

diablo devil
diáfano diaphanous, transparent
dialogar to sustain a dialogue; to converse
diamante *m* diamond
diario newspaper; *adj* daily
dibujar to draw
dictamen *m* judgment, opinion
dictar to dictate; to inspire, suggest
dicha happiness, good fortune
dichoso happy; fortunate
diente *m* tooth
diestra right hand
difunto *mf* corpse
digno worthy; appropriate
dilación *f* delay, procrastination
dilatar to expand; to spread out
diminuto tiny
diosa goddess
diputación *f* deputation
directo direct; straightforward
dirigir to direct
discordante dissonant
discurso discourse; speech
disertar to discourse, hold forth
disfrazado disguised
disminuir to diminish
disolver to dissolve
dispersión *f* scattering
disperso dispersed, scattered
disponer to dispose; **disponer de** to have at one's disposal; to have the use of
dispuesto disposed, ready; prepared, arranged
distraído absentminded
distribuir to distribute, deal out
diurno diurnal
divinidad *f* divinity, deity
divisar to perceive indistinctly; to descry at a distance
doblador doubler, bender
doblar to double; **doblarse** to bend
doble double
docto learned
doler to ache; to hurt; to cause grief
doliente suffering; sorrowful
dolor *m* pain; sorrow

doloroso painful; pitiful
dominar to dominate; to overcome
don *m* title for a gentleman; gift; ability, talent
doncella maiden, girl
dorado golden
dormirse to fall asleep
dormitorio bedroom
dos: los dos both
dotado endowed with, gifted with
duda doubt
dudoso dubious, doubtful
dueño master; owner; **ser dueño de** to own
dulce *m* piece of candy; *adj* sweet; soft
dulzura sweetness, gentleness
duramente rigorously
durar to last
durazno peach; peach tree
duro hard; rough, tough

ecuación *f* equation
echar: echar a + *inf* to begin to, start; **echar raíces** to take root
edad *f* age
eficaz effective
ejecutar to perform; to execute
ejercer to practice; to perform
ejército army
electrizar to electrify
elevar to raise, lift
elogio praise
eludir to elude, avoid
embajador *m* ambassador
embarcación *f* vessel, ship
embargo: sin embargo nevertheless, however
embestida assault, attack
embotellar to bottle
embrujar to bewitch, charm
emigrar to emigrate
emocionado moved, touched
empedernido petrified; obstinate
empezar to begin
emplazar to summon
empleado employee
emponzoñado poisoned, corrupt

empozarse to collect in puddles (of water)
empujar to push
enajenar to alienate
enamorado lover; *adj* in love
encandilado dazzled; dazed
encanecer to grow gray-haired
encantado enchanted; haunted
encanto charm
encapuchado hooded
encarcelado imprisoned
encarnar to incarnate
encarnizado cruel, pitiless
encebollar to cover with onions
encender to light; encenderse to take fire; to light up
encierro cloister, religious retreat; inclosure
encima: por encima de over, above
encoger to shrink; to retract
encomendado entrusted
encontrar to find; encontrarse to be, find oneself
encrucijada crossroads, intersection
encuentro meeting
enemigo enemy
enfadar to vex, anger
enfermedad *f* illness, sickness
enfermo sick
enfrentado face to face
enfurecido enraged, furious
engañar to deceive; to be deceived
engaño deceit; misunderstanding
engastar to set (stones), enchase
engendrar to beget; to create
enjaular to cage
enlazado joined, united
enmascarado masked
enrarecido thinned, rarefied
enredadera bindweed
enredar to tangle, entwine; enredarse to get entangled
enrojecer to redden
enroscado twined, twisted
ensangrentado covered with blood
ensayar to try out
enseñar to teach
entender to understand
entero whole; sound
enterrar to bury

entonces then
entraña entrail; innermost part
entrar to enter; to go (into)
entre among; between
entreabrir to partially open
entrecortado confused
entregar to give up; entregarse a to abandon oneself to, devote oneself to
entresueño state between sleep and wakefulness
entretejido intertwined, interwoven
entrevisto dimly seen
enumerar to enumerate
envejecido grown old
envenenado poisoned
envoltura covering
envolver to wrap
epístola epistle, letter
epitafio epitaph
época age, era
erguirse to straighten up
erigir to erect, build
errante wandering
errar to wander, roam
esbelto svelte, slender
escala ladder
escalar to scale; *adj* steplike
escalera staircase
escalofrío chill; shiver
escama fish-scale
escarbar to scrape; to dig
escarlata scarlet
escarnio jeer, mock
escepticismo scepticism
esclavitud *f* slavery
esclavo slave
escoba broom
esconder to hide
escoria dross, slag
escorpión *m* scorpion
escritorio office; desk
escritura writing, handwriting
escuchar to listen to
escultura sculpture
escupir to spit on
esculpido sculptured
esfera sphere; heaven
esfuerzo effort
esloveno Slovene (southern Slav)

espacio   space
espada   sword
espalda   back; shoulder; de espal-
  das   lying on one's back
espantarse   to become frightened
espanto   fright
espantoso   frightful, dreadful
esparcir   to scatter
espasmódico   spasmodic, convulsive
especie *f*   kind
espectador   spectator; *pl*   audience
espectral   ghostly
espejo   mirror
esperar   to hope; to expect; to wait;
  to await
espeso   thick, dense; dull
espesura   thickness, density
espiar   to lie in wait for
espiga   stalk, stem
espina   thorn; splinter
espinoso   thorny
espíritu   *m*   spirit; mind;   Espíritu
  Santo   Holy Ghost
esponja   sponge
esposa   wife
esposo   husband
espuma   foam
espumoso   foamy
esqueleto   skeleton
esquina   corner (of street)
establecido   established; decreed
establecimiento   business
estación *f*   station
estado   state; condition
estallar   to explode
estandarte   *m*   standard,   banner,
  colors
estatua   statue
estimable   worthy
estirón *m*   final shudder at death
Estocolmo   Stockholm
estómago   stomach
estrangular   to strangle
estertor *m*   rattle in the throat
estrella   star
estrellarse   to crash; to be shattered
estría   fluting, groove
estudio   study
éter *m*   ether; *poetic*   the sky
eternamente   eternally

eternidad *f*   eternity
eucalipto   eucalyptus
exacerbado   irritated, exasperated
exactitud *f*   exactness
exaltar   to exalt, elevate
exasperado   exasperated
exclamar   to exclaim
exhalar   to exhale,   breathe   forth,
  emit
exigir   to demand
explicar   to explain
exprimir   to squeeze, press out
expulsar   to eject, drive out
extender   to extend, spread
exterior   outside
exterminado   exterminated
externo   external; exterior
extinguido   extinguished
extorsionar   to extort
extraer   to extract, draw out
extranjero   foreign
extrañamente   strangely
extraño   strange
extraviarse   to go astray, get lost
extremar   to carry to an extreme

fabricar   to manufacture, make
fábula   fable, legend
facciones *fpl*   facial features
falda   skirt
falsificación *f*   forgery
falta   offense, misdemeanor
faltar   to be lacking; to be in need
  of
fallecer   to die
famélico   hungry, ravenous
fantasma *m*   phantom, ghost
farmacia   drugstore
farol *m*   lantern
fascinate   fascinating, charming
fasto   pomp; *pl*   annals
fatigado   tired, exhausted
fe *f*   faith
fecundar   to fertilize
fecha   date
felicidad *f*   happiness; good fortune
feroz   ferocious, fierce
férreo   ferrous; iron
ferrocarril *m*   railroad, railway

ferroviario   railroad employee
festín *m*   feast, banquet
fibra   fiber, filament
fiebre *f*   fever
fieltro   felt
fiera   wild beast
fiero   fierce
figura   figure
figurar   to represent
fijar   to fix (as a photograph)
fijo   fixed, immobile
filo   edge, cutting edge
filtrar   to filter
fin *m*   end; **al fin**   at last; **en fin** in short; **por fin**   at last, finally; **sin fin**   endless(ly)
fingir   to pretend; to fancy, imagine
fino   fine; delicate
firme   hard; unyielding
flaco   thin, skinny
flanco   side
flauta   flute
fletado   freighted, loaded
florecer   to flower, bloom
florero   vase
florido   full of flowers
flotar   to float
fluir   to flow
fogata   bonfire
follaje *m*   foliage
fondo   bottom; depth; back; background; **a fondo**   thoroughly
fonógrafo   phonograph
forma   form, shape; manner
formar   to form; to shape; **formarse** to take form
formular   to formulate; to express
fornicar   to fornicate
fortuna   fortune, fate
fosa   grave; ditch
fosforescer   to phosphoresce
fragua   forge
francamente   frankly
frase *f*   sentence
frazada   blanket
frente *f*   forehead; **frente a**   facing; **hacer frente a**   to face (a problem)
fresco   cool
fríamente   coldly

frío: en frío   coldly
frondoso   leafy, luxuriant
frontera   border
fronterizo   facing, opposite
fruta   a piece of fruit
fuego   fire; gunfire
fuente *f*   fountain; source
fuera   outside; **fuera de sí**   beside oneself
fuerte   strong; terrible; *adv* strongly, hard
fuerza   force; strength; **por fuerza** forcibly; necessarily
fugaz   fugacious; fleeting
fulgor *m*   fulgency, brilliancy
fumar   to smoke
función *f*   function; working
funcionario   functionary, bureaucrat
fúnebre   funereal
furia   fury; rage
furtivo   clandestine
fusilado   executed by a firing squad

gajo   section (of fruit)
galería   corridor
galope *m*   gallop; **a todo galope** hurriedly
gallina   hen
gallo   rooster, cock
gana   desire; **dar ganas de**   to make one feel like (doing something)
ganadero   cattleman
ganglio   ganglion
ganguear   to speak with a nasal twang
gargajo   gob of phlegm
garganta   throat; gorge
gastar   to wear out
gato   cat
gaviota   gull
gélido   frigid
gemelo   twin
gemido   lamentation, moan
género   kind
genial   brilliant
genio   genius
gesto   gesture

giboso humpbacked
gigante gigantic
girador turning, revolving
girar to revolve, turn, rotate
globo globe
gloria glory; paradise
gobernar to govern; to control
golfo gulf
golondrina swallow
golpe *m* blow
golpear to strike, hit; to knock
gondolear to move like a gondola
gordo fat
gorrión *m* sparrow
gota drop
gotear to drip
gotera leak
grabar to engrave; to carve
gracia charm, grace
gracioso graceful
grado: de grado willingly
grafía writing
gramófono phonograph
granada pomegranate
grande big; grown-up
grandeza greatness
granero granary
granizo hail
grano grain; seed
grave serious
greda clay
griego Greek
grieta crevice, cleft; fissure
gris gray
gritar to shout, cry out
grito cry, scream, shout; a gritos
at the top of one's voice
grueso thick
gruñir to grunt
guardar to keep; to guard;
guardar silencio to keep silent
guardarropas *m* wardrobe, clothes
closet
guarida aerie, eagle's nest
guerra war
guerrero warrior
guitarrero guitar player
gusano worm
gusto taste

haber: haber de to have to, must
habitación *f* room
habitar to inhabit
hacer to make; do; hacerse to be-
come; hace poco a short time
ago; hacer señas to motion
hacia toward; hacia abajo down-
ward; in the lower part; hacia
arriba upward; hacia atrás
backward; hacia delante forward
hacha axe
hado fate, destiny
hallar to find; to discover
hambre *f* hunger
hambriento hungry; starved
harapo rag
harina flour; powder; dust
harto enough, very much
hasta until; even (emphatic)
hay there is, there are
haz *m* bundle, bunch
hazaña feat, heroic deed
he: he ahí there is, there you have
hebra fiber, filament, thread
hebreo Hebrew
hechicería witchcraft; sorcery
hechizar to bewitch, enchant
hecho fact; event; act, deed
hembra female
henchido stuffed, swollen
hendido cracked; split
heraldo herald; harbinger
heredad *f* country estate, farm
herencia inheritance
herida wound
herir to wound
hermano brother
héroe *m* hero
herramienta tool
herrumbre *f* rust
hez *f* sediment, scum; dregs
hierba grass; weed
hierro iron
higo fig
higuera fig tree
hilo thread; wire
himno hymn
hinchar to swell; inflate
hipótesis *f* hypothesis
hogar *m* home

hoja   leaf; sheet of paper
hojalatero   tinsmith
hombro   shoulder
homérico   Homeric
hondo   deep
honrosísimo   most honorable
hora   hour; time; **a esas horas**   at that hour; **a la hora**   by the hour
horadar   to perforate
horario   timetable
horizonte *m*   horizon
horno   oven
horrendo   horrible, awful
hospitalario   hospitaller; *adj* hospitable
hoy   today
hoyo   hole
hoyuelo   dimple
hoz *f*   sickle
hueco   hollow
huella   track, footprint; trace
huérfano   orphan
huerto   orchard
huesa   grave, tomb
hueso   bone
huésped *m*   guest
huevo   egg
huir   to flee, escape
humear   to smoke, emit smoke
humedad *f*   humidity, dampness
húmedo   damp, moist
húmero   humerus
humildad *f*   humility
humilde   humble
humillación *f*   humiliation
humillar   to humiliate; to crush
humo   smoke
humor *m*   body fluid
hundimiento   sinking
hundir   to submerge, sink; **hundirse** to sink
huracán *m*   hurricane

i *var*   and
idílico   idyllic
idioma *m*   language, tongue
iglesia   church
ignorar   to be ignorant of, not to know

igual   equal, same, identical
iluminar   to illuminate, light; to enlighten
imagen *f*   image
imaginar   to imagine; to think up
imán *m*   magnet
impávido   intrepid, calm
impedir   to prevent
ímpetu *m*   impetus, impulse
impío   impious; irreligious
imponer   to impose
imprecación *f*   curse
impreciso   unclear
impunemente   with impunity
inacabable   interminable; everlasting
inacción *f*   inactivity
inagotable   inexhaustible
inasible   that cannot be grasped
incendiado   set on fire or ablaze
incendio   fire, conflagration
incesante   unceasing
incitación *f*   incitement
inclinar   to incline; **inclinarse** to lean; to stoop
inconcebible   inconceivable
incorporar   to incorporate, unite; **incorporarse**   to stand up, straighten up
indecible   inexpressible, unutterable
indemne   undamaged, unhurt
independientemente   independently
indescifrable   undecipherable
indicar   to indicate, point out
índice *m*   forefinger
indigno   unworthy
indistintamente   indistinctly; without distinction
individuo   individual, person
infamante   defaming
infancia   infancy; childhood
infestar   to infest, overrun
infierno   hell
ínfimo   least
infortunado   unfortunate
ingle *f*   groin
inglés *m*   Englishman
inminente   imminent
inmovilizar   to immobilize

inmutable immutable, unchangeable
inolvidable unforgettable
insinuar to insinuate, hint
insomnio insomnia, sleeplessness
inspirar to inspire; to instill
intacto untouched
intendente *m* administrator
intentar to try, attempt
interdicción *f* prohibition
interhumano among men
interior inside
interminable endless
interrogar to question
interrumpir to interrupt
íntimo intimate
intocable untouchable
inundación *f* flood
inundado flooded
inútil useless; futile
inútilmente in vain
invencible invincible, unconquerable
inverso inverted
invertir to invert; to reverse
invierno winter
ira anger, wrath, rage
irlandés *m* Irishman
irradiar to radiate
irreal unreal
irreparablemente irreparably, irretrievably
irse:irse a pique to founder; **se van rompiendo las cosas** things are gradually being broken
isleño islander
izquierda left

jabalí *m* wild boar
jacinto hyacinth
jadeo panting
jalea jelly
jamás never
jarcias *fpl* shrouds of a ship
jardín *m* garden
jardinero gardener
jarro pitcher, jug
jarrón *m* urn, vase
jazmín *m* jasmine

jefe *m* chief, boss
jinete *m* horseman, rider
jornada span of life
joya jewel
júbilo rejoicing, glee
judería Jewry; ghetto
judío Jew
juego game
juez *m* judge
jugador *m* player
jugar to play
juntar to join; to assemble
junto together; *adv* near; **junto a** next to, by, beside
juramento oath; curse
jurar to swear
justo just and pious man
juventud *f* youth
juzgar to judge

laberinto labyrinth, maze
labio lip
labrar to carve, shape; to form
lacas *fpl* lacquerware
ladino cunning, crafty
lado: al lado just by; next door
ladrar to bark
ladrido bark, barking
ladrón *m* thief
lagartija small lizard
lago lake
lágrima tear
lamentable regrettable
lamento lamentation, wail
lamer to lick
lámpara lamp; light
lana wool
lancha: lancha a motor motorboat
lanza lance, spear
lanzar to throw a dart, fling
lapa barnacle
lapidado stoned to death
lápiz *m* pencil
largamente largely, copiously; for a long time
largo long; generous; abundant; a **lo largo de** along
lata tin can
latido beat

látigo   whip
latino   Latin (native of Latium)
latín *m*   Latin language
latir   to beat, throb
laurear   to crown with laurel
lavandera   laundress
lavar   to wash
lecho   bed
leer   to read
lejanía   distance; remote place
lejano   distant
lejos   far; **de lejos**   from afar
lengua   language; tongue
lenguaje *m*   language
lentes *mpl*   eyeglasses
lento   slow, sluggish
leña   firewood
leñar   to log, cut wood
leño   log; timber
león *m*   lion
letal   deadly
letra   letter; character of the alphabet
levantar   to raise; to lift; **levantarse** to rise; **levantar cabeza**   to get on one's feet
levar: **levar el ancla**   to weigh anchor
ley *f*   law, rule
libelo   libel
librar   to free; **librarse** to escape; **librar batalla**   to engage in battle
libro: **libro de cuentas**   account book
liceo   lyceum, high school
licor *m*   liquid; liqueur
licuar   to liquefy
liga   garter
ligado   joined, linked
ligero   light; swift
lima   file
limar   to polish
límite   limit; boundary
línea   line
lindo   pretty, lovely
liquen *m*   lichen
lira   lyre
lirio   lily
listo   ready
liviano   light

lóbrego   murky; sad, lugubrious
loco   mad, crazy
locomotora   locomotive
locura   madness
lodo   mud
lograr   to procure; to succeed in; to obtain
lomo   back of an animal
Londres   London
longitud *f*   length; longitude
lontananza   distance
loro   parrot
losa   gravestone
luciérnaga   firefly
luchar   to fight, struggle
luego   next; **desde luego**   at once; of course; to begin with
lugar *m*   place
lúgubre   gloomy, dismal
lujo: **de lujo**   de luxe; elegant
lumbre *f*   light; brightness
luna   moon; **luna de miel**   honeymoon
lustrar   to polish
luz *f*   light

llagado   wounded
llama   flame
llamar   to call, summon; **llamarse** to be called; named
llamarada   sudden blaze, flash
llano   plain
llanto   crying, weeping
llanura   plain
llave *f*   key
llavero   key ring
llegar   to reach; to arrive; **no llegar a**   not to amount to
llenar   to fill; **llenarse** to fill up; **llenarse** (**de**)   to become full (of)
lleno   full
llevar   to carry; to wear; to take; to lead; **llevar a cabo**   to carry out; **llevar un libro**   to keep a book
llorar   to cry; to weep over, mourn, lament
llover   to rain
lluvia   rain

macular to stain
machacado crushed
madeja skein
madera wood
madero timber, piece of lumber
madrugada dawn
madurar to ripen
maduro ripe
magia magic
magnífico magnificent; excellent
maíz *m* corn
mal *m* evil
maldecir to curse
maleficio spell; witchcraft
maligno malign, perverse
malvado wicked man, villain
mamífero mammalian
mampostería stone masonry
manantial *m* spring, source
manar to issue, flow out
mancomunado communal, combined
mancha spot, stain
mandar to send
mandíbula jawbone; jaw
manejar to drive
manera manner, way; **de esa manera** in that way
manga sleeve
mano: **de la mano** by the hand
manso gentle
mantel *m* tablecloth
manto cloak; robe
mañana *m* tomorrow; *f* morning; **por la mañana** in the morning
máquina machine, engine; **máquina de coser** sewing machine
mar *m* sea
maraña tangle
maravilla: **a las mil maravillas** wonderfully well
marca mark, impress
marchito faded, withered
marea tide
marejada swell (of the sea)
maremoto seaquake
marfil *m* ivory
margen *m* margin
marido husband
marinero sailor

marino seaman
mariposa butterfly
martillazo blow with a hammer
mártir *m* martyr
martirio martyrdom; torture; grief
mas but
más more; **los más** the majority; **más bien** rather; **no más** only
masa mass; dough
mascar to chew
máscara mask
masturbarse to masturbate
matadero slaughterhouse
matar to kill
materia matter; material, substance
matutino morning
mausoleo mausoleum
mayor greatest
mayores *mpl* grown-ups
mazo mallet, wooden hammer
mecer to rock
medalla medal
media stocking; sock
medianoche *f* midnight
mediante by means of
médico doctor
medida measure; size; **a la medida** to order, custom-made; **sobre medida** to measure
medio: **a medio** half; **pagábamos a medias** we each paid half
mediodía *m* noon
medir to measure
meditar to meditate
médula marrow
mejor better; *adv* rather
meloso honeyed
mellado dull
memoria memory
mendigo beggar
mentir to lie
mentón *m* chin
mercaderías *fpl* goods, merchandise
mercado market, marketplace
mes: **al mes** by the month
mesa table
meter: **metido a** pretending to be, set up as
mezcla mixture
miedo fear

miel f   honey
mierda vul   shit
migrana   migraine, headache
milagro   miracle
milagrosamente   miraculously
mínimo: hasta el más mínimo cen-
tavo   down to the very last cent
ministro   minister
minucioso   minutely precise, thor-
ough
mirada   gaze, glance
miserable   wretched
mísero   wretched, unhappy
miseria   misery, wretchedness
misterio   mystery
místico   mystical
mitad f   half; **en mitad de**   in the
middle of
mitigar   to mitigate; to assuage, ap-
pease
mito   myth
mitología   mythology
moda   fashion
modificar   to modify
modo   manner, way; *music*
mode; character
mojar   to wet, moisten, dampen
moldura   molding
moler   to grind
molestar   to disturb, annoy, bother
molino   mill
momentáneo   momentary
moneda   coin
monja   nun
monocorde   monochord
monstruo   monster
montaña   mountain
monte m   mountainside; mountain
montón m   pile, heap
morabito   Mohammedan hermit
morada   habitation, abode
morado   purple
moral m   mulberry tree
morar   to inhabit, dwell, reside
morder   to bite
morenía   brownness
moribundo   moribund, dying
morir   to die; to die out
mortal   fatal
mosca   fly

mostrar   to show; to point out
movimiento   movement
moza   young girl
mudable   changeable; fickle
mudo   mute
mueble m   piece of furniture
mueca   grimace
muela   molar
muerte f   death; **a muerte**   to the
death
muerto   dead
mugido   moo, lowing of cattle
mugre f   dirt, filth
mujer f   woman; wife
muladar m   dungheap
multitud f   crowd
mundial   world-wide, universal
mundo   world
muñeco   puppet
muralla   wall (of a city)
muriente   dying
murmullo   murmur
muro   wall; rampart
músculo   muscle
museo   museum
musgo   moss
música   music; musical composition
músico   musician
mustiar   to wither
musulmán m   Mussulman, Moslem
mutilador m   mutilator

nabo   turnip
nacer   to be born; to appear
nacimiento   birth
nada: la nada   nothingness
naipe m   playing card
Nápoles   Naples
naranja   orange
narrar   to narrate, relate
naturaleza   nature; character
naufragio   shipwreck
navaja   razor
nave f   ship, vessel
navegar   to sail, navigate
navío   ship
necesitar   to need
necio   stupid, idiotic

negar to deny; to disown
negocio business
nervio nerve
nerviosamente nervously
nevada snowfall
ni . . . ni neither . . . nor
nicho niche
nido nest
niebla fog, mist
nieve *f* snow
niñez *f* childhood
noche *f* night; de noche at night
nomás only, just
nombrar to name; to appoint
nombre *m* name
noria well
norte *m* north
notario notary public
noticias *fpl* news
nube *f* cloud
nublarse to become cloudy
nudo knot
nuevamente again
nuevo: de nuevo anew; again
nuez *f* nut
numen *m* deity; divinity
numerado numbered
nunca never
nupcial nuptial
nupcias *fpl* nuptials, marriage

oblicuo oblique, slanting; the bishop's diagonal movement in chess
obligar to compel; to oblige
obrero worker, workman
obscuridad *f* darkness
obscuro dark; obscure; gloomy
obstante: no obstante nevertheless, however
obstinado stubborn
obstinarse (en) to insist (on)
ocaso sunset; setting of any heavenly body
ocioso idle
ocre *m* ocher
ocultar to hide, conceal
ocupar to occupy; to fill
ocurrir to occur
odiar to hate

odio hatred
oeste *m* west
oficial *m* officer
oficiar to officiate; to celebrate; oficiar de to act as
oficina office
oficio occupation; function; de oficio by profession
ofrecer to offer
oído ear
oír to hear
ola wave
oleaje *m* succession of waves
oler to smell; oler a sangre to smell of blood
olor *m* smell; odor; con olor a sombra y a pescado that smelled like shade and fish
olvidar to forget
olvido oblivion; forgetfulness
ombligo navel
omnipotencia omnipotence, almighty
onda wave
ondular to ripple
opaco opaque, dull
oquedad *f* hollow, cavity
oración *f* prayer
orar to pray
órbita orbit
orden *m* order; type, kind
ordenar to order
oreja ear
orfandad *f* orphanage
orgía orgy
orgullo pride; haughtiness
orgulloso proud
origen *m* origin; source
originarse to originate, arise
orilla shore
orinar to urinate
oro gold
ortopedia orthopedics
osamenta skeleton; bones
oscurecer to darken, get dark
oscuro: a oscuras in the dark
ostra oyster
otoño autumn
otro: otra cosa something else
oveja sheep

oxidado   rusty
oyente *mf*   listener

pactar   to covenant, make an agreement
pagar   to pay; to serve (a sentence)
país *m*   country; land
paisaje *m*   landscape
pajarera   bird cage
pájaro   bird
pala   shovel
palabra   word
paladar *m*   palate
palidecer   to pale, turn pale
pálido   pale; ghastly
palito   little stick
palmada   pat
palmo   span; **dejándome con un palmo de narices**   leaving me out in the cold
palo   stick
paloma   dove
palpar   to touch
palpitar   to palpitate, quiver
pan *m*   bread
panadero   baker
pantalones *mpl*   trousers
pañuelo   handkerchief
papa *m*   pope
papel *m*   paper
par *m*   pair
para   in order to, for
parado   standing
paraguas *m*   umbrella
paraíso   paradise
paraje *m*   place, spot
parar   to stop, detain; **pararse**   to stand up; **parar en**   to end in
parcela   parcel of land
pardo   brown
parecer   to seem; appear; **parecerse** to resemble
pared *f*   wall
pareja   couple
parpadear   to blink
parpadeo   blinking, winking
párpado   eyelid
parque *m*   park; ammunition
parroquial   parochial

parte *f*   part
particular   peculiar, special; private
partir   to part, open; to leave, depart
pasadizo   corridor; passage
pasado   past
pasar   to pass; to go through; to spend (as time); **pasar de moda** to go out of fashion; **no pasó más adelante**   he did not go any further
Pascua: **Isla de Pascua**   Easter Island
pasear   to take a walk; to walk up and down
paso   step; way; passage; **paso a paso**   step by step
pastora   shepherdess
patear *coll*   to kick
patíbulo   gallows
patio   yard, courtyard
patria   native country, fatherland
patrocinar   to protect, favor
pavimento   pavement
payaso   clown
paz *f*   peace
pecado   sin
pecho   breast; chest
pedagogo   teacher
pedazo   piece
pedir   to ask for, request
pedrería   precious stones; jewelry
pegajoso   sticky; clammy
pegar   to stick, glue; to fasten; to hit
peinar   to comb; **peinarse**   to comb one's hair
peine *m*   comb
peldaño   step of a staircase
pelear   to fight
peligroso   dangerous
pelo   hair
peluquería   barber shop
pellejo   skin; pelt
pena   pain; sorrow; labor, toil
penetrar   to penetrate; to enter
péndulo   hanging; pendulous
penoso   painful
pensamiento   thought
pensar   to think; to intend

pensativo pensive, thoughtful
peña rock; boulder
peñasco large rock
peón *m* pawn in chess
peor: en el peor de los casos if
  worse comes to worse
pequeño *m* child; little, small;
  lowly
percatar(se) to realize
percibir to perceive
percha clothing or hat rack
perder to lose; perderse to get
  lost
pérdida loss; sin pérdida de tiempo
  without wasting any time
perdonar to pardon, forgive
perdurar to live on; to last
perecedero perishable
perentoriamente peremptorily
perfil *m* profile
perfumar to perfume
periódico newspaper
permanecer to stay, remain
permiso permission, leave
permitir to allow, permit
permutación *f* interchange
perpetuo perpetual, everlasting
perro dog
persa *mf* Persian
perseguir to pursue
persistencia obstinacy
pertenecer to belong
perverso pervert
pesa weight
pesado heavy, weighty
pesadumbre *f* grief; heaviness
pesar to weigh; a pesar de in
  spite of
pescado fish
peso weight
pétalo petal
pétreo rocky, stony
petrificar to petrify
pez *m* fish
piadoso pious; godly; merciful
picar to peck at
pico peak, top, summit
pie: a pie on foot; al pie at the
  foot, at the bottom
piedad *f* piety; mercy

piedra stone
piel *f* skin
pierna leg
pieza piece; room; piece or man in
  games
pilar *m* pillar
pincho goad
pingüino penguin
pino pine tree
pintar to paint
pintura painting
pirámide *f* pyramid
pisar to step on, trample
pista track, playing floor
pizarra blackboard
placa dry plate
placer to please, gratify
planchar to iron
planeta *m* planet
plano map; drawing
plantar to plant
plata silver
plato plate
playa beach, shore
plazo term, period of time
plegar to fold
plenamente fully
plenitud *f* plenitude; abundance
pleno full, complete; en pleno in
  the middle of
pluma feather
plumero feather duster
pobre poor
poder: no poder con not to be able
  to bear, manage
podrido rotten
poesía poetry
policía police
polvo dust
pollera hooped petticoat
pollo chicken
poner to put, place; to lay (eggs);
  ponerse to become; ponerse a
  to begin to, start to; ponerse en
  marcha to set out
poniente *m* west
ponzoñoso poisonous
poquillo little bit
por by; for; through; across; per;
  along; por entre through; between

porción f portion; lot
portón m inner front door of a house
porvenir m future
posar to pose; to lodge
poseer to possess
postrero last; hindermost
potencia power
potranca filly
potro colt, foal
pozo well
practicar to practice
práctico practical
Praga Prague
precioso precious; beautiful
precipicio precipice
precipitarse to throw oneself headlong; to rush
preciso precise, exact
predilecto preferred, favorite
preferir to prefer
prefijar to predesignate, predetermine
preguntarse to wonder
premio prize
premura haste
prenda garment, article of clothing
preñado pregnant; impregnated
preocupar to concern, worry; preocuparse de to worry about
prepucio foreskin
presagio presage, omen
presentarse to appear
preservar to preserve, save
préstamo loan
presupuesto budget
primavera spring
primero first
primo cousin
príncipe m prince
principio beginning
prisión f imprisonment
prisionero prisoner
prisma m prism
proa prow
probar to prove
proceder to proceed; to be the result
procurador m attorney

procurar to get, obtain
prodigar to lavish
prodigio prodigy; monster; marvel
productivo profitable
profanado profaned, desecrated
profesión f profession; declaration
profeta m prophet
profundamente profoundly, deeply
profundo profound; deep
prohibir to forbid
prójimo fellow being, neighbor
prolongar(se) to prolong; to continue
pronombre m pronoun
pronto quick, fast
propio own
propósito purpose; aim
propiedad f ownership; property
proseguir to continue
provecto advanced in years; mature
provisto (de) provided (with)
próximo next; nearest
proyecto project, plan
púa barb
publicar to publish
pudrirse to rot, decay
pueblo town; people
puente f bridge
puerta door; gateway
puerto port
pujar to push ahead, push through
pulgada inch
pulir to polish
pulso: a pulso with the strength of the hand
pulverizado pulverized
punta apex, top; en la punta on tiptoe
punto point; punto de partida starting point
puñado handful; a few
puño fist; cuff
purificar to purify, cleanse
puta whore

qué: a qué what's the use of
quebradero breaking, breakage
quebradizo fragile

quebrador *m* breaker
quebrantar to break
quebranto grief, affliction
quebrar to break
quedar to be left; quedarse to remain, stay
quehacer *m* work; chores
queja complaint
quejarse to complain
quejido moan
quemar to burn
querer *m* affection; will; desire; to want, wish; to love, like; to will
queso cheese
quienquiera whoever, whosoever
quieto quiet; tranquil
quietud *f* quietness; repose
quijada jaw, jawbone
quilla keel
quinientos five hundred

rabí *m* rabbi
rabino rabbi
ración *f* ration; allowance
racimo bunch, cluster
ráfaga gust; cloud
raído frayed, threadbare
raíz *f* root
ralo sparse
rama branch
ramo bouquet
rapado shaven
rascar to scratch
rasgar to tear, rip
rata rat
ratón *m* mouse
raya stripe
rayo ray; flash of lightning
raza race
razón *f* reason
real real; royal
realizar to carry out, perform
rabaño flock, herd
rebelarse to revolt, rebel
recibirse (de) to be admitted to practice (as)
recién recently; just; only
recinto enclosure; place

reclinado recumbent
recluso recluse, prisoner
recobrar to recover
recoger to gather, collect
reconciliar to reconcile; to reconsecrate; reconciliarse to become reconciled; to make up
reconocer to recognize
recordar to remember
recorrer to travel; to go over; to go through
recostarse to repose; to lean back
recto straight; righteous
rector *m* principal
recubrir to cover again
recuerdo memory; memento, souvenir
rechazar to reject, repulse
red *f* net; snare
redactar to write
redención *f* redemption; salvation
redentor *m* redeemer
redondo round
reducir (a) to reduce (to)
referente referring, relating
referir relate; report
reflejo reflection
refugiar to shelter; refugiarse to take refuge
regalar to give as a present, make a present of
regar to water
regimiento regiment
regir to rule, direct; to command
registrar to inspect, examine; to register, record
registro registry
regreso return, going back
reina queen; queen in chess
reino kingdom, reign
reír to laugh; reírse de to laugh at, make fun of
reja grating, railing
relacionarse to have relations
relámpago lightning
relincho neigh, whinny
reloj *m* watch; clock; reloj de arena hourglass
relojería watchmaking

relumbrar   to sparkle, glitter
remedio   remedy, solution; **sin más remedio**   with no other alternative
remendar   to patch, repair
remolinar   to whirl, spin
remontar (se)   to elevate, rise
remoto   remote, far off
renacer   to be reborn
rendir: **rendir gracias**   to give thanks
repente: **de repente**   suddenly
repentinamente   suddenly
repercutir   to rebound; to reverberate
repetir   to repeat
repicar   to ring
replicar   to reply
reposar   to rest
representación: **en representación de**   as a representative of
resaca   surge, undertow
resbalar   to slip, slide
rescatado   recovered
residencia   residence; home; stay, sojourn
residir   to reside, dwell
resonante   resounding
resonar   to resound, sound
respiración *f*   breathing, breath
respirar   to breathe
respiratorio   respiratory
resplandecer   to shine, glisten
resplandeciente   bright; shining
resplandor *m*   radiance, light
responder   to respond, answer
restañar   to stanch, stop the flow of
resultar   to result, follow
resulta   result, effect, consequence
resumen *m*   summary; resumé
retirada   withdrawal, retreat
retirarse   to withdraw, go away
retórico   rhetorical
retratarse   to be photographed
retrato   portrait; photograph
retrete *m*   water closet
retroceder   to draw back
reunir   to gather; to assemble
revelar   to reveal
reverdecer   to grow green again

reverso   reverse (in coin, medal)
revés: **al revés**   on the contrary; inside out
revivir   to relive; to revive
rey *m*   king; king in chess
rezar   to pray
ribete *m*   trimming
rigor *m*   rigor; sternness
rima   rhyme
Rin   Rhine
rincón *m*   corner (of room)
riña   quarrel, scuffle
río   river
riqueza   wealth
risa   laugh
ritmo   rhythm
rito   rite, ceremony
ritual   ritual, ceremonial
rizo   curl, ringlet
robo   robbery, theft
roca   rock; cliff
rocío   dew
rodante   rolling
rodar   to roll
rodear   to surround
rodilla   knee
roedor *m*   rodent
roer   to gnaw
roído   gnawed
rol *m*   roll
romper   to break
ron *m*   rum
ronco   hoarse, raucous
ropa   clothes, clothing; **ropa interior**   underwear
ropaje *m*   wearing apparel, clothes
ropero   wardrobe, closet
rosado   rose-colored
rosal *m*   rose bush
rostro   human face
rubí *m*   ruby
rubio   blond
rueda   wheel
ruego   plea, entreaty
ruido   noise
ruinas *fpl*   archeological ruins
rumor *m*   sound of voices; murmur
ruso   Russian
ruta   route, way; road
rutina   routine, custom

sábana sheet
saber to know; to know how; saber a to taste of, taste like
sabiduría learning; wisdom
sabio wise, learned
sabor *m* taste, flavor
saborear to relish, enjoy
sacar to pull out
sacerdote *m* priest
saciar to satiate
saco bag; jacket; pillage, plunder; entrar a saco to plunder, loot
sacrificarse to sacrifice oneself
sacrílego sacrilegious
sacro holy, sacred
sacudir to shake; to dust
sagrado sacred
sajón *m* Saxon
sal *f* salt
sala hall; large room
salida exit; sin salida dead-end
salir to go out, come out; salir de to dispose of; to get rid of
salitre *m* saltpeter
salón *m* large room; living room
saltar to leap
salto jump, leap
salud *f* health
saludar to greet
salvaje *mf* savage; primitive
salvar to save, rescue
sandalia sandal
sándalo sandalwood
sandez *f* inanity, foolish statement
sandía watermelon
sangrar to bleed
sangre *f* blood
sangriento bloody
sano well, healthy
santo saint; *adj* holy; todo el santo día the whole day long
saña passion, rage
sarcófago sarcophagus
sartén *f* frying pan
sastrería tailor's shop
sauce *m* willow
seco dry; abrupt
secretario secretary
seda silk
sediento thirsty

seducir to seduce
seductor *m* seducer
segar to reap, harvest
segregar to segregate, separate, set apart
seguida: en seguida forthwith, immediately
seguir to follow; to continue
seguramente securely; surely
selva forest, woods, jungle
semana week
semanal weekly
semblante *m* countenance
sembrar to sow
semejanza resemblance, similarity
semilla seed
Sena Seine
senado senate
sencillo simple
sendero path
seno breast, bosom
sentarse to sit down
sentencia maxim
sentido sense; meaning
sentimiento feeling; sensation
sentir to feel; to smell; to perceive
seña sign; gesture
señalado distinguished, noted
señalar to point out
separar to separate
septentrional northern
sepultar to bury
sequía drought
serenidad *f* serenity, calm
serpear to wind (as a serpent); to meander
serpiente *f* serpent
servir to serve; servir de to act as, serve as; servir para to be used for, be good for
sesgo oblique, aslant; severe, stern
severo rigid
sevillano of Seville, Sevillan
sexto sixth
siempre: para siempre forever
sigiloso silent, reserved
siglo century; hace siglos many centuries ago
signo sign, symbol
sílaba syllable

silbar to whistle
silbato whistle
silbido whistle; hiss
silencioso silent
sílex *m* silica, flint
sílfide *f* sylph
silvestre wild
silla chair
símbolo symbol
simulacro simulacrum, image
simular to simulate, sham
sin without
sinagoga synagogue
sinnúmero: un sinnúmero de numberless, a great many
sino but; except; no . . . sino but, only
siquiera at least; ni siquiera not even
sitio place; site
situar to place, situate; situarse to station oneself
so: so pena de under penalty of
soberanía sovereignty; rule
sobre on; over; above; about; toward; sobre todo especially
sobrenadar to float
sobreponerse to be above; to overcome
sobrevivir to survive
sobrino nephew
socorro help
sodomita *mf* sodomite
soga rope, halter
sol *m* sun
solapa lapel
soldado soldier
soleado sunlit
soledad *f* solitude; loneliness; deserted area
soler to be in the habit of, be accustomed to
solfear to sol-fa
soliloquio soliloquy, monologue
solo alone; sole; lonely; a solas alone
solsticio solstice
sollozar to sob
sollozo sob
sombra shade; shadow; darkness

sombrero hat
sombrío gloomy, somber
someter submit
son *m* sound
sonar to sound
sondear to explore
sonido sound
sonoro sonorous; sounding
sonriente smiling
sonrisa smile
soñar to dream
soñoliento sleepy
soplar to blow
sordo deaf
sorprender to surprise; to catch (in an act)
sorpresa surprise
sortilegio sortilege, sorcery
sospechar to suspect
sostener to maintain, keep
soviético soviet
suave soft; gentle
suavemente gently, softly
suavizado softened, smoothed
subir to rise; to climb
súbito sudden
subordinado subordinate, underling
subterráneo underground
suburbio suburb
suceder to happen, come to pass
sucesivo consecutive
sucio dirty
sucumbir to succumb
sudar to sweat
suelo ground; floor
suelto loose; swift
sueño dream; sleep; en sueños dreaming
suerte *f* destiny; lot, luck; kind, sort
sufrimiento suffering
sufrir to suffer; to undergo
suicida *mf* suicide
sujetar to subject; to hold fast
sujeto subject, liable
suma sum; aggregate; total; en suma in short; to sum up
sumar to add
sumergirse to submerge
sumido sunken

suponer   to suppose, assume
sur *m*   south
surgir   to arise
surtidor *m*   provider; fountain
suspendido   suspended
suspiro   sigh
sustancia   substance, stuff
sustantivo   substantive, noun
sutil   subtle; acute

tablero   chessboard
tácito   silent; tacit
tacto   touch, sense of touch
tallar   to carve
talle *m*   waist
tallo   stem, stalk
tamarindo   tamarind tree
tambor *m*   drum
Támesis   Thames
tan   so
tanteo: al tanteo   by eye; by trial
tanto: otro tanto   as much more;
   por lo tanto   for that reason;
   therefore
taparrabo *m*   loin cloth
tapete *m*   rug
tarde *f*   afternoon
tardío   late; slow
tártaro   Tartar
tasa   measure
té *m*   tea
teatro   theater
techo   ceiling, roof
tedio   boredom
teja   roof tile
tejado   roof
tejedora   weaver
tejer   to weave
tela   cloth
telégrafo   telegraph
tema *m*   subject
temblar   to tremble
tembloroso   quivering
temeroso   timid, fearful
temor *m*   dread, fear
tempestad *f*   storm
templado   tempered
templo   temple
temporada   spell, period of time

temprano   early
tenaz   stubborn; persevering
tenazmente   tenaciously
tenca   tench (European fresh-water
   fish)
tenderse   to stretch out
tenebroso   dark, gloomy
tener   to have, hold; tener hambre
   to be hungry; tener que   to have
   to; tener sed   to be thirsty
tenue   tenuous; delicate
tercamente   obstinately
terco   stubborn; hard
terminar   to finish
término   end
ternura   tenderness, fondness
terraza   terrace
terremoto   earthquake
terrenal   earthly, worldly
terrestre   terrestrial
tesoro   treasure
testamento   will
testigo   witness
tezontle *m Mex*   porous red building
   stone
tía   aunt
tibio   warm, lukewarm
tiburón *m*   shark
tiempo   time; weather; tempo
tienda   shop, store
tienta: a tientas   groping
tierno   tender
tierra   land, earth, country; dirt
tigre *m*   tiger
tijeras *fpl*   scissors
timbre *m*   bell
tiniebla   darkness
tipo   fellow, guy
tipografía   printing; typography
tirar   to throw
tiritar   to shiver
tiro   shot
tizón *m*   firebrand
toalla   towel
tobillo   ankle
tocar   to touch; to play
tocata   toccata
todavía   still; yet
todo: a todo esto   in the meantime
tomar   to take

tórax *m*   thorax
torcido   twisted
tormenta   storm
tornar   to return
tornasolar   to cause changes in the color of; to make iridescent
torno: en torno a   about, around
toro   bull
torpe   clumsy
torre *f*   tower; castle or rook in chess
torrente *m*   torrent
tortuga   turtle, tortoise
tos *f*   cough
tosco   rough; uncouth
toser   to cough
trabajar   to work; to shape
traer   to bring; to lead
traficar   to travel, roam; to traffic, trade
tragar   to swallow; to devour
traje *m*   suit; **traje de dormitorio** pajamas
trama   plot; weft or woof of cloth
trampa   trap
tranquilamente   quietly, calmly
tranquilo   calm, quiet
transcurrir   to pass, elapse
transcurso   course; passage
transfigurarse   to be transfigured, transformed
tráquea   trachea
tras   after, behind; beyond
traslúcido   translucent
traspié *m*   stumble
traspasar   to go through; to pierce
tratar: tratar de   to try; **tratarse de** to be a case (question, matter) of
través: a través de   through
trecho: a trechos   by intervals
tregua   rest, respite
tremolar   to wave (as a flag)
trémulo   tremulous, quivering
trenza   braid
trenzar   to braid
trepar   to climb, mount
tribu *f*   tribe
triforme   triformed
trigal *m*   wheat field

trigo   wheat
trinar   to trill
trineo   sled
tripas *fpl*   entrails
tripular   to man (ships)
triste   sad
tristeza   sadness
triturar   to crush
trono   throne
tropel *m*   throng
tropero *Arg*   herdsman
tropezar   to trip, stumble
trote *m*   trot
trozo   piece, chunk
trueno   thunder, thunderbolt
trunco   truncated; incomplete
tubo   tube; pipe
tuerto   one-eyed person
tumba   tomb, grave
túmulo   tomb; mound
tuna   prickly pear
túnel *m*   tunnel
turbar   to disturb, upset; to confuse
turbio   confused; troubled
turista *mf*   tourist

ubérrimo   exceedingly plentiful, very abundant
ubicuo   ubiquitous, omnipresent
último   last
umbral *m*   threshold
unánime   unanimous
único   only
uniformado   in uniform
unir   to unite; **unirse**   to join
untuoso   unctuous, greasy
uña   fingernail; toenail
urgir   to be urgent
útil *m*   tool, piece of equipment; *adj* useful
uva   grape

vaca   cow
vaciar   to empty
vacilante   wavering

vacío void; emptiness; *adj* empty
vagar to roam, wander
vago indistinct; vague
vahído vertigo, dizziness
vaivén *m* vibration; unsteadiness, unsteady movement
valer to be worth; **más valdría** it would be better
valor *m* courage
valle *m* valley
vanagloria vaingloriousness, conceit
vano vain; insubstantial, empty; **en vano** in vain
vapor *m* steam; mist
varios several
vasija vessel, receptacle
vaso drinking glass
vasto huge
vecino neighbor
vedar to prohibit
vegetal *m* vegetable
vehículo vehicle
vejez *f* old age
vela sail; wake; **a vela** with sails
velar to watch over; to have a wake
velero sailboat
velocidad *f* speed
vello down; fuzz
vena vein
venado deer
vendar to bandage; to blind
vendedor *m* seller; salesman
venderse to sell out; to be for sale
veneno poison
venenoso poisonous
venero water spring
venir: **venir a pelo** to be to the point, to fit the case to a tee; to come in the nick of time
ventana window
ventrudo big-bellied
ver: **a mi ver** in my opinion
verano summer
veras: **de veras** really, in truth
verdad *f* truth; **en verdad** truly, really
verdadero true; real
verde green; fresh

verdinegro dark green
verdoso greenish
verdugo executioner
vergüenza shame
verso line of poetry; stanza; *pl* poems
vertiginoso dizzy
vértigo dizziness
verter to pour
vestido dress, clothing
vestiduras *fpl* vestments
vestigio vestige, trace
vestir to dress; **vestirse** to dress oneself
vez *f* time; **a la vez** at the same time; **a veces** sometimes, occasionally; **de una vez** at once; **with a single act**; **dos veces** twice; **otra vez** again; **tal vez** perhaps, maybe; **tres veces** thrice; **una vez** once
viajar to travel
viaje *m* trip
vialidad *f* system of public roads; roadmaking
víbora viper
vibrar to vibrate, quiver
vicioso given to vice, licentious
vida life
vidrio glass
viento wind; **viento entero** wind from all compass points
vientre *m* belly; stomach
vigilar to watch (over), keep guard
vigilia fast, vigil
vilo: **en vilo** in suspense
villorrio small village or hamlet
vinagre *m* vinegar
vino wine
viñedo vineyard
violeta violet
violoncelo cello
virgen *mf* virgin
virginidad *f* virginity
visir *m* vizier
visitador *m* inspector
visitar to visit
vislumbrar to glimpse; to suspect

víspera eve; *pl* evening
vista vision; eyesight
viuda widow
viudo widower
vivaz active, vigorous
vivo alive, living
viviente living
vivir: vivir de to live on
vivo live; intense
vocal *m* vowel
volar to fly
volcán *m* volcano
voltear to turn; to roll over
volumen *m* volume; size
voluntad *f* will
voluta volute
volver to turn; to return, come back; **volver a** + *inf* to . . . again; **volver el rostro** to turn around; **volverse loco** to become crazy
voraz voracious
voz: a media voz in a whisper; **en voz alto** out loud
vuelo flight
vuelta return; **a la vuelta** around the corner; **dar vuelta a** to go around
vulgo common people

ya already, now; **ya no** no longer; **ya que** since
yedra ivy
yegua mare
yerba herb; grass
yeyuno jejunum (part of small intestine)

zalema *f* salaam
zanja ditch, furrow
zapatería shoestore
zapato shoe
zarpar to weigh anchor, sail
zarzamora blackberry
zoológico zoological
zorzal *m* thrush
zumbar to hum, buzz
zumbido ringing in the ears
zurdo left-handed person

A
B
C
D
E
F
G
H
I
J